Capítulo 1

Placa-mãe

> **Finalidade:** reconhecer cada um dos componentes de uma placa-mãe atual, seus componentes eletrônicos, funções, características, ajustes e configurações que podem ser feitos para torná-la operacional.

Introdução

Motherboard, Mobo, ou, simplesmente, placa de CPU são os nomes dados à placa-mãe dos computadores.

É a principal placa de um computador. Toda a montagem de um computador depende da placa-mãe, tem nela um ponto de partida.

Nessa peça, há dois chips chamados *chipsets*, que definem suas principais características: o tipo de memória RAM que poderá ser utilizada, a quantidade máxima de memória RAM suportada por *slot* (e, consequentemente, o total de todos os *slots*, a capacidade máxima), a velocidade do barramento (BUS) externo, utilizado para se comunicar diretamente com o processador, entre vários outros elementos.

Quando falamos em placas-mãe, há um outro componente, que "caminha junto" com ela. Ao comprar hardwares para montar um computador, é imprescindível que os dois sejam analisados juntos: processador e placa-mãe.

Também é tarefa do *chipset* definir o(s) tipo(s) de processador(es) que a placa-mãe suporta. A indústria de hardware, especificamente, a que fabrica placas-mãe, não produz modelos universais, ou seja, uma placa-mãe que serviria para qualquer tipo e modelo de processador. Ocorre justamente o oposto: para cada processador, existe uma placa-mãe específica. O primeiro fato, que deixa isso muito evidente, é que os processadores variam nos quesitos pinagem e encapsulamento. Pinagem nada mais é do que a disposição dos pinos (ou mesmo pequenos contatos) ao longo de seu corpo (seja cerâmico ou outro material).

O processador em si é apenas um dos pequenos núcleos. Aquele invólucro (quadrado ou retangular) que você vê ao pegar o processador é, na verdade, um tipo de material (cerâmico, por exemplo) que serve tão somente como base aos núcleos (o processador de fato), e para a sustentação dos pinos, além de permitir a interligação de cada pino ao(s) núcleo(s). Como exemplo de pinagem, citamos o processador Intel Core i7, que possui um padrão de 1.366 pinos. Isso quer dizer que ele possui 1.366 pinos em seu invólucro.

GUIA TÉCNICO DE MONTAGEM E MANUTENÇÃO DE COMPUTADORES

SÃO PAULO
2009

© 2009 by Digerati Books
Todos os direitos reservados e protegidos pela Lei 9.610 de 19/02/1998. Nenhuma parte deste livro, sem autorização prévia por escrito da editora, poderá ser reproduzida ou transmitida sejam quais forem os meios empregados: eletrônicos, mecânicos, fotográficos, gravação ou quaisquer outros.

Diretor Editorial
Luis Matos

Projeto Gráfico
Daniele Fátima

Assistência Editorial
Regiane Monteiro

Diagramação
Cláudio Alves
Stephanie Lin

Revisão Técnica
Tadeu Carmona

Capa
Daniel Brito

Preparação
Jeferson Ferreira

Revisão
Guilherme Laurito Summa

Dados Internacionais de Catalogação na Publicação (CIP)
(Câmara Brasileira do Livro, SP, Brasil)

E64g   Equipe Digerati Books

Guia Técnico de Montagem e Manutenção de Computadores / Equipe Digerati Books]. – São Paulo: Digerati Books, 2009.
128 p.

ISBN 978-85-7873-099-4

1. Hardware. 2. Montagem de computadores. I. Título.

CDD 004.16

Universo dos Livros Editora Ltda.
Rua Haddock Lobo, 347 – 12º andar – Cerqueira César
CEP 01414-001 • São Paulo/SP
Telefone: (11) 3217-2600 • Fax: (11) 3217-2616
www.universodoslivros.com.br
e-mail: editor@universodoslivros.com.br

Sumário

Capítulo 1 – Placa-mãe 5
Introdução 6
Form factor ATX e BTX 8
Placa-mãe moderna em detalhes 11
Dez dicas para instalar a placa-mãe
corretamente, deixando-a totalmente operacional 54

Capítulo 2 – Fontes 57
Introdução 58
A fonte 59
Painel traseiro 59
Chave seletora de voltagem 62
Microventilador traseiro da fonte 65
Fontes ATX 66
Fontes BTX 72
Conectores 73
Como instalar fontes que não
possuem microventilador traseiro 78

**Capítulo 3 – Funcionamento
físico e lógico do discos rígidos** 81
Introdução 82
Componentes físicos 83
Como são feitas a gravação e a leitura magnética 85
Geometria do disco rígido 87
Formatação física e lógica 89
Estacionamento das cabeças 90
Setor por trilha: método ZBR 91

Componentes físicos externos 91
do disco rígido (IDE e SATA) 91
Jumpeamento de HDs IDE: *master* ou
slave, ou como instalar um ou mais HDs 96
Como instalar um ou mais HDs SATA 97
Desempenho 98

Capítulo 4 – Como entender e configurar o Setup de seu computador 101

Introdução 102
O que é o Setup? 102
Por que configurar o Setup? 103
Fabricante de BIOS 103
Como acessar o Setup 103
Estrutura de um Setup 104
Como navegar pelo Setup 106
Standard CMOS Setup 109
Advanced Setup 113
Advanced Chipset Setup 117
Integrated Peripherals 118
Power Management Setup 119
PNP/PCI Configuration Setup 120
PC Health Status 120
Frequency/Voltage Coltrol 120
Load Default Settings 120
Supervisor Password 121
User Password 121
Save & Exit Setup 121
Exit Without Saving 121

Na verdade, esse tipo de processador não possui pinos, tal como conhecemos em processadores mais antigos, como o Pentium 4 (lançado em meados do ano 2000). Ao invés disso, ele possui pequenos contatos metálicos. Os "pinos", por sua vez, ficam no soquete. O tipo de encapsulamento que esse processador utiliza chama-se LGA (*Land Grid Array*). Desse modo, em especificações técnicas (como no próprio site da Intel), você verá a referência do encapsulamento (*package*) desse processador como LGA1366. Vejamos outro exemplo de pinagem: o processador Intel Core 2 Quad possui um padrão de encapsulamento de 775 pinos (LGA77), e utiliza o padrão de encapsulamento LGA.

O encapsulamento, em documentações técnicas tratado como *package*, nada mais é que o tipo de invólucro do processador.

Existem diferentes tipos de processadores com diferentes tipos de *package* lançados ao longo dos anos. Como exemplos, citamos: o FC-PGA2 (*Flip Chip Pin Grid Array 2*), usado em processadores tais como o Pentium 4 de 478 pinos; e o SECC (*Single Edge Contact Cartridge*) de processadores tais como Pentium II e Pentium III (esse modelo é bem diferente, pois se trata de um "cartucho" instalado em um *slot* – o extinto *slot* 1).

Com diferenças de pinagem e encapsulamento, haverá também diferenças nos soquetes, onde tais processadores serão instalados. Alguns processadores terão mais pinos/contatos, outros terão menos. Alguns encapsulamentos são mais quadrados, outros, mais retangulares. Portanto, cada placa-mãe é fabricada para suportar um (ou um conjunto) de processador(es) específico(s).

Além disso, processadores podem trabalhar com voltagens (V) internas diferentes. O *chipset* da placa-mãe é responsável por identificar essa voltagem, configurando-a automaticamente (antigamente, isso era feito manualmente, via *jumpers*).

Outro fator importante é quanto ao *clock* externo, que é a velocidade na qual o processador comunica-se com a memória RAM. O *clock* interno do processador, que é a velocidade usada na comunicação interna ("dentro do processador"), é alcançado multiplicando-se o *clock* externo por um fator multiplicador. Como exemplo, suponha que um processador funcione com barramento externo de 133MHz (estamos usando valores baixos, para ficar fácil de acompanhar), e seu fator multiplicador seja de 7,5X. Desse modo, 133 X 7,5 = 1.000MHz (*clock* interno). Esse processo também é feito automaticamente, sem demandar nossa intervenção.

Tais resultados implicam no seguinte: a placa-mãe deve ser capaz de fornecer o *clock* externo necessário para que o processador trabalhe em seu máximo de desempenho. Se isso não ocorrer, o processador vai trabalhar abaixo de seu desempenho máximo. Em nosso exemplo, se o *clock* externo (que a placa-mãe conseguir fornecer) fosse apenas de 100MHz, o *clock* interno seria de 750MHz (100 X 7,5 = 750MHz).

Por isso, é importante conhecer bem as características da placa-mãe e do processador que deseja instalar. Neste capítulo, estudaremos a fundo a placa-mãe, cada um de seus componentes, suas funções e características.

Figura 1.1.: Uma placa-mãe ATX moderna.

Form factor ATX e BTX

O *form factor* (fator de forma) nada mais é do que uma especificação para a construção de hardwares. Isso envolve placa-mãe, gabinete, fonte, barramentos utilizados, sistema de dissipação de calor etc.

O primeiro e mais antigo de todos é o XT (*eXtended Technology*). Depois, foi desenvolvido o AT (*Advanced Technology*), padrão utilizado nos computadores "pré-históricos", equipados com processadores Intel 80286 (em meados de 1984), e outros que vieram depois dele.

No ano de 1995, foi lançado o famigerado padrão ATX (*Advanced Technology eXtended*), que apesar de já ter em torno de 14 anos (considerando o momento em que lançamos este livro, 2009) é extremamente popular, aceito, e é o padrão adotado até hoje. Vale ressaltar que, em se tratando de computadores, 14 anos é muito tempo. A tecnologia avança muito rápido. Porém, o ATX tem "resistido bravamente".

Em 2003, o mercado se viu diante de um novo padrão, o BTX (*Balanced Technology eXtended*), lançado para "substituir" o padrão ATX. No entanto, praticamente seis anos depois, isso ainda não ocorreu. E se o BTX vai ser ou não adotado mundialmente, deixando o ATX no passado, somente o tempo poderá nos dizer. Algumas empresas adotaram o padrão BTX, mas não deixaram de lado o ATX, como a famosa Dell. Porém, componentes BTX ainda são escassos e caros.

Mas, por que foram criados todos esse padrões? Quais as diferenças? O motivo de criar um novo padrão é melhorar, alcançar mais eficiência, tornar os computadores adequados às novas tecnologias. Primeiramente, graças à construção de um *form factor*, as placas-mãe possuem tamanhos bem definidos.

O ATX, por exemplo, proporcionou uma instalação mais fácil da placa-mãe, bem como um acesso mais fácil a seus componentes; além de ter uma melhor ventilação, em comparação com os padrões anteriores.

Já o BTX objetivou uma melhor dissipação do calor gerado pelos componentes mais críticos, tais como processador, *chipset* e placa de vídeo. Para isso, mudou-se a disposição dos componentes na placa-mãe, criando-se todo um sistema de dissipação do calor interno.

Neste capítulo, abordaremos o *form factor* ATX, padrão adotado atualmente, mas, ainda assim, não poderíamos deixar de explicar algumas peculiaridades do padrão BTX. Veja isso no tópico seguinte.

Placas-mãe ATX versus BTX

Antes de partir para o padrão ATX (foco deste capítulo), é interessante conhecer algumas características das placas-mãe BTX, e as diferenças delas em relação ao ATX.

Ao comparar uma placa-mãe BTX com uma ATX, notaremos, rapidamente, que os componentes eletrônicos ficam dispostos de forma diferente. Ao segurar uma placa-mãe ATX de frente (de forma que os *slots* de expansão fiquem do lado oposto a seu tronco), os *slots* de expansão estarão à sua esquerda, e os conectores do painel traseiro (USB, PS/2, serial, paralelo etc.), à sua direita. Ao fazer o mesmo com uma placa-mãe BTX, os *slots* de expansão estarão à direita, e os conectores do painel traseiro (USB, PS/2, serial, paralelo etc.), à esquerda.

Outra diferença é que o processador e o *chipset* ficam centralizados na placa-mãe, em uma linha reta. Isso permite que o "ar" frio que atravessa o gabinete (graças ao duto) possa ajudar a resfriar esses componentes:

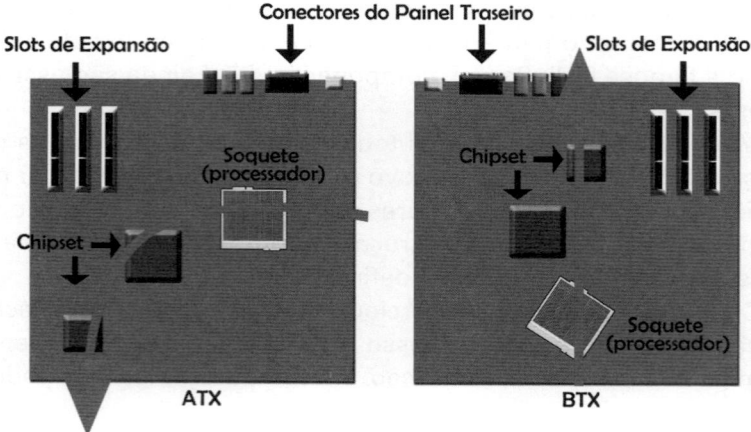

Figura 1.2.: Placas-mãe ATX e BTX.

Porém, o objetivo de um novo padrão não é somente mudar a disposição física dos componentes eletrônicos. O BTX traz melhoria na dissipação do calor interno (como já foi dito), fornece energia elétrica necessária a padrões mais exigentes (como placas de vídeo PCI Express), diminuição de ruídos, melhor disposição dos componentes eletrônicos na placa-mãe (o que favorece a dissipação do calor) etc.

No entanto, tais inovações não significam que o ATX está totalmente obsoleto; esse padrão permite a montagem de qualquer tipo de configuração, das mais modestas até as mais avançadas. Existem, para o padrão ATX, fontes (**Capítulo 2 – Fontes**) capazes de fornecer energia elétrica extra à placa, variados sistemas de dissipação de calor etc.

Por fim, as placas-mãe ATX podem conter barramentos PCI Express, *fireware*, SATA, e qualquer outro novo barramento que venha a ser lançado. Tudo depende dos fabricantes.

Placa-mãe moderna em detalhes

São vários os componentes existentes em uma placa-mãe. Nos tópicos seguintes, você pode conhecê-los detalhadamente, de suas funções a suas características.

Usaremos como referência uma placa-mãe moderna e atual. Nela, há as tecnologias em ascensão no momento, tais como os barramentos PCI Express e SATA.

Porém, não deixamos de lado tecnologias "não muito recentes", tais como os barramentos AGP e IDE que, apesar de estarem sendo deixados de lado, ainda são usados:

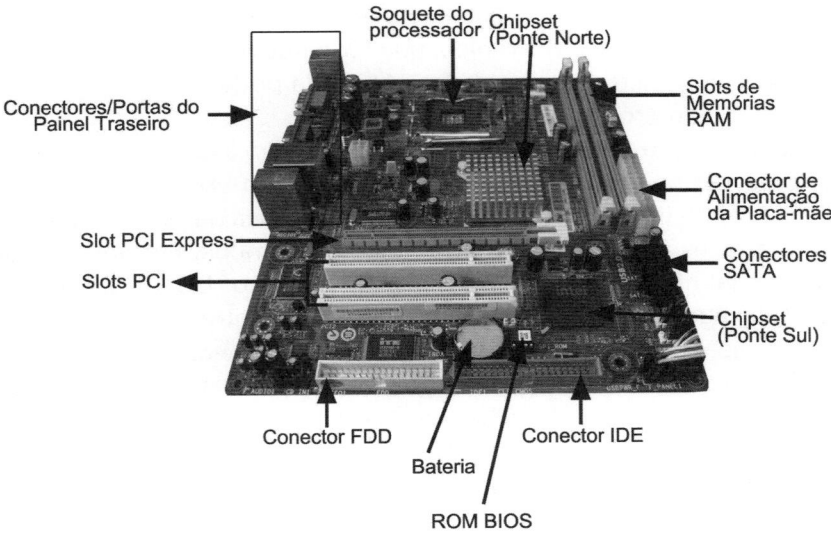

Figura 1.3.: Nesta figura, estão indicados os principais componentes de uma placa-mãe atual.

Interfaces on-board

Uma interface é um circuito que controla um periférico. Esses periféricos podem ser externos (mouse, teclado, monitor etc.), ou internos (HDs, drives etc.). Trata-se de um mediador desses periféricos com o processador. Alguns exemplos seriam a interface do teclado, a interface do mouse, a interface IDE etc.

Isso quer dizer que o processador não se comunica diretamente com os periféricos. Suponha que você esteja digitando um texto em um editor de textos qualquer. Ao pressionar uma tecla, um sinal é enviado para a interface do teclado, que, por sua vez, envia um pedido de interrupção (IRQ – *Interrupt Request*) para o processador.

> **Importante:** o IRQ é uma operação que ocorre quando o processador suspende provisoriamente algum processo principal para atender algum evento de maior prioridade.

O processador, ao receber o pedido da interface do teclado, analisará a prioridade desse pedido. O teclado tem prioridade alta (IRQ1), e só perde para o *timer* (IRQ 0).

O processador aceita e processa o pedido da interface do teclado, e a letra que você digitou é exibida no editor de textos. Todo esse processo é feito de forma tão rápida, que tudo nos parece instantâneo.

Todo periférico possui uma interface. Ela pode estar em um *chip* à parte, ou no próprio *chipset* da placa-mãe.

Quando esse circuito está contido em um *chip* à parte, ele pode estar presente na própria placa-mãe (interfaces on-board), ou em uma placa própria (placa de vídeo, placa de som, placa de rede etc.).

Interfaces on-board são extremamente comuns. Em uma placa-mãe atual há várias delas. As mais comuns são: USB, PS/2, serial, paralela, áudio, rede, vídeo, IDE, FDD e SATA, entre outras.

Graças a essas interfaces on-board, não é necessário comprar cada uma de forma avulsa (placas para serem instaladas em *slots* PCI, AGP ou PCI Express), o que barateia a montagem de computadores.

Soquete do processador

É onde instalamos o processador. Um dos primeiros componentes a instalar na placa-mãe é o processador.

Em placas-mães atuais, podem ser encontrados dois tipos de soquetes: ZIF (*Zero Insertion Force*) e LGA.

Os modelos ZIF possuem centenas de pequenos furinhos, nos quais se encaixam os pinos do processador. Em modelos atuais, o processador só se encaixa em uma posição, o que facilita o trabalho do técnico. Instalar processadores que utilizam esse tipo de soquete é bem mais fácil do que os que usam soquete LGA:

Figura 1.4.: Soquete ZIF.

Figura 1.5.: Exemplo de processadores que utilizam soquete do tipo ZIF.

Veja como instalar um processador (atual) do tipo soquete ZIF:

1. Levante a alavanca lateral do soquete, e encaixe o processador:

Placa-mãe

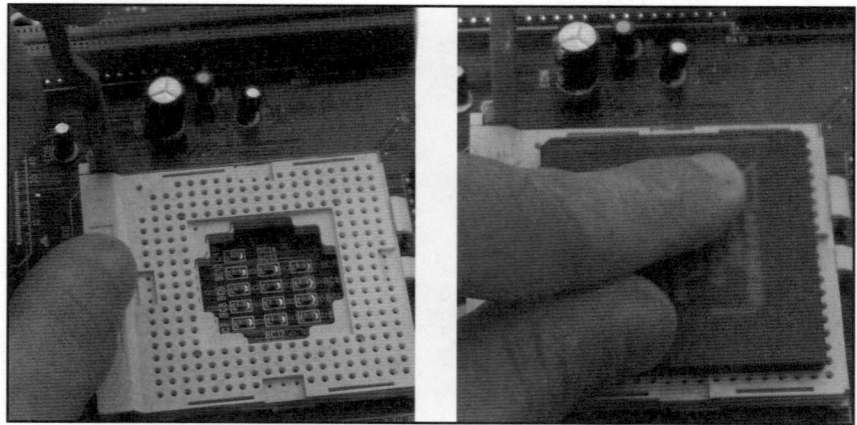

Figura 1.6.: Encaixe o processador no soquete.

2. Ao instalá-lo, se sentir alguma resistência no encaixe, verifique se ele está na posição errada. Certifique-se de que o processador encaixou-se perfeitamente. Feito isso, abaixe a alavanca lateral:

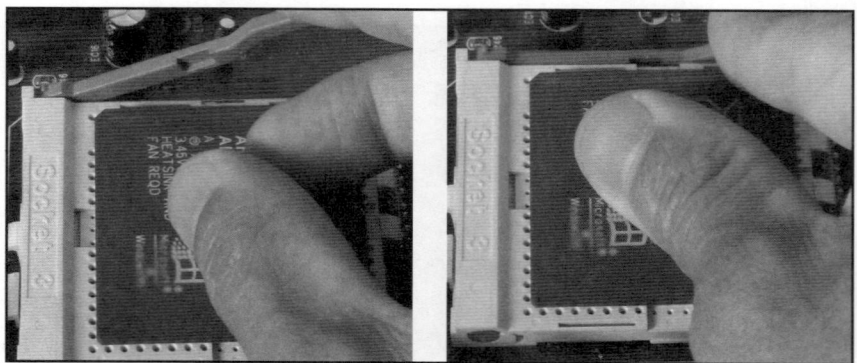

Figura 1.7.: Abaixe a alavanca lateral.

3. É importante ter atenção durante a instalação. O processador se encaixa sem muita resistência. Se perceber que o encaixe não está dando certo, não faça força. Isso pode amassar um ou mais pinos do processador:

Figura 1.8.: Pinos amassados. Fruto de uma tentativa de instalação errônea.

Os soquetes do tipo LGA são muito utilizados atualmente pelos processadores Intel. A instalação de processadores que utilizam soquetes desse tipo deve ser mais cuidadosa, uma vez que os pinos ficam no soquete, e não no processador, e são bem sensíveis. Uma instalação desajeitada pode amassá-los. No processador, há contatos correspondentes:

Figura 1.9.: Soquete do tipo LGA.

Figura 1.10.: Um processador do padrão LGA. Observe que não há pinos, mas pequenos contatos (pontos).

Veja como instalar um processador do tipo soquete LGA:

1. Primeiramente, destrave a alavanca lateral, puxando-a, levemente, para o lado:

Figura 1.11.: Destrave a alavanca lateral.

2. Puxe a alavanca lateral para cima:

Guia Técnico de Montagem e Manutenção de Computadores

Figura 1.12.: Puxe a alavanca para cima.

3. Libere a parte de cima do soquete, puxando-a para cima:

Figura 1.13.: Abrindo o compartimento (tampa de fixação) do soquete.

Figura 1.14.: Pronto para instalar o processador.

4. O processador só se encaixa em uma posição no soquete. Instale-o cuidadosamente e não o deixe chocar-se com força nos pinos:

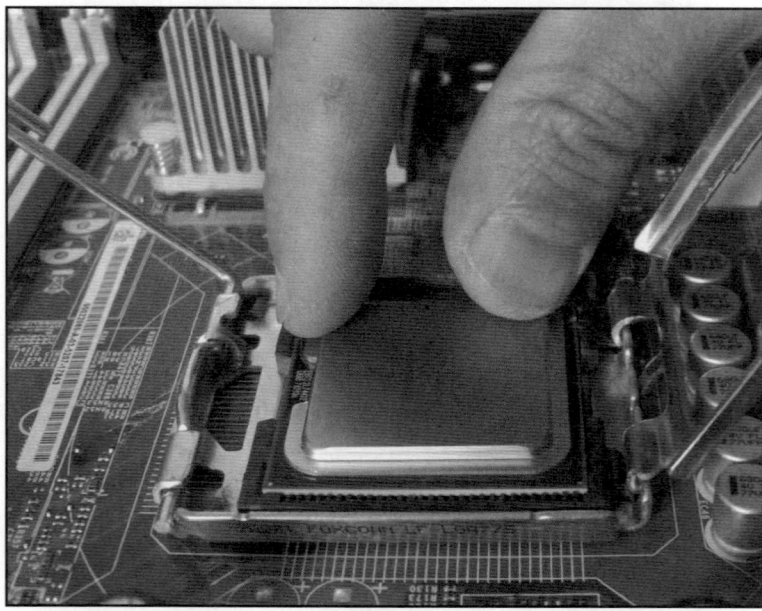

Figura 1.15.: Instale o processador.

5. Baixe, novamente, a tampa de fixação e coloque a alavanca lateral na posição inicial.

Após a instalação de qualquer processador, há dois pontos importantes: pasta térmica e *cooler*. Jamais ligue o computador sem colocar a pasta térmica e o *cooler* no processador corretamente. Se isso não for feito, o processador pode esquentar rapidamente, travar, reiniciar, ou até queimar:

Figura 1.16.: Um *cooler*.

Todo o calor gerado no processador é transferido para o dissipador metálico do *cooler*. A ventoinha serve para ajudar a expulsar esse calor, por isso ela "sopra" o ar quente, retirado do dissipador metálico, para fora.

A pasta térmica serve para garantir e prover perfeito contato da superfície do processador com o dissipador metálico do *cooler*:

Figura 1.17.: Uso de pasta térmica.

> **Importante:** *coolers* são vendidos de acordo com o modelo (ou grupo de modelos) do processador. Cada processador terá um tipo de *cooler*.

Slots de memórias RAM

A memória de trabalho do computador, a RAM (*Random Access Memory*), é instalada em *slots* presentes na placa-mãe.

Placas-mãe típicas possuem dois, três, quatro, ou mais *slots* para a instalação de memórias. Para exemplificar, citamos a placa-mãe ASUS Rampage II Gene, que possui seis soquetes para memórias DDR3, o que permite a configuração *Triple Channel*.

A capacidade máxima de memória que uma placa-mãe suporta é limitada pela capacidade máxima suportada pelo *slot*. Essa limitação é imposta pelo *chipset* da placa-mãe.

> **Observação:** consulte o manual da placa-mãe para saber a quantidade máxima de memória suportada pelo *slot* e o total (a soma dos *slots*).

Os tipos de memórias mais conhecidas no momento em que escrevemos este livro são as DDR (*Double Data Rate*), DDR2 e DDR3. As mais recentes são as duas últimas:

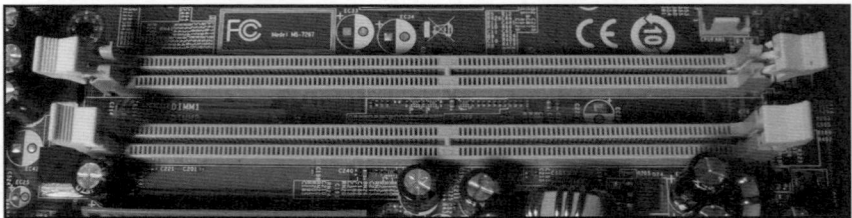

Figura 1.18.: *Slots* de memórias. Neste caso, *slots* para DDR2.

É comum fabricantes lançarem placas que tenham *slots* para dois tipos de memórias. Por exemplo, DDR e DDR2. Quando isso ocorre, é possível utilizar apenas um tipo por vez. Isso quer dizer que, se você usar memórias DDR2, em nosso exemplo, não poderá usar, ao mesmo tempo, memórias DDR.

Além disso, será possível instalar um módulo de memória DDR2 em um *slot* para memória DDR? Não. Cada *slot* aceita somente o módulo de memória para o qual foi projetado.

Se observar um módulo de memória, verá que ele possui um pequeno "corte", que se encaixa em uma pequena saliência (ressalto) correspondente no *slot*. É exatamente esse "corte" e essa saliência que impedem que um módulo de memória seja instalado em um *slot* errado. Eles também ajudam a evitar que o módulo seja instalado de forma invertida:

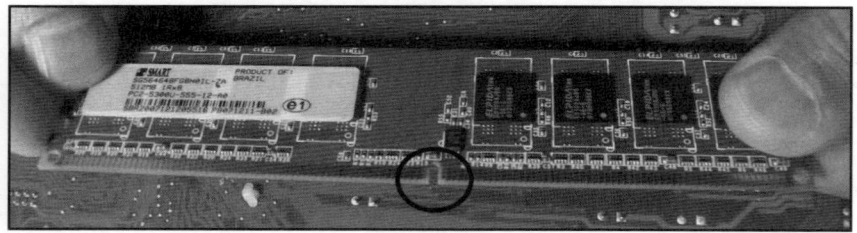

Figura 1.19.: Detalhe do "corte" em um módulo de memória DDR2.

Como instalar módulos de memória de forma correta:

1. O *slot* contém duas presilhas plásticas ("alças"), uma de cada lado. Mova-as totalmente para fora:

Figura 1.20.: Mova as presilhas para fora.

2. Segure o módulo de memória pelas bordas. Nunca segure diretamente nos contatos metálicos, pois a energia estática que pode se acumular em nossos corpos pode danificá-la:

Placa-mãe

Figura 1.21.: Forma correta de segurar um módulo de memória.

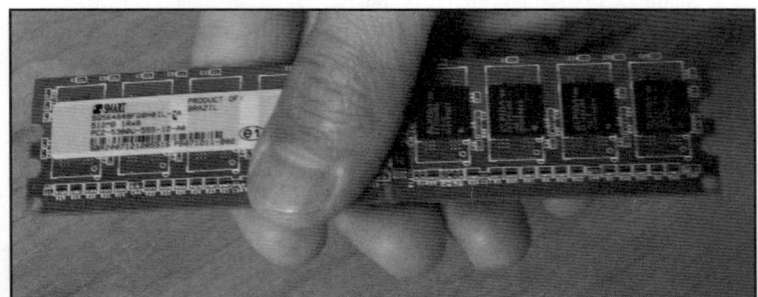

Figura 1.22.: Forma errada de segurar um módulo de memória.

3. Alinhe o módulo de memória com o *slot*, de forma que o pequeno corte do módulo coincida perfeitamente com o ressalto:

Figura 1.23.: Alinhe o módulo de memória.

4. Faça uma pequena força para baixo, no módulo, de forma que ele se encaixe no *slot*. Você pode pressionar as presilhas (para que elas voltem à posição inicial), para ajudar que o encaixe ocorra de forma perfeita:

Figura 1.24.: Encaixe do módulo.

5. No fim, verifique se o módulo está perfeitamente instalado e firme.

Slots de placas de expansão

Trata-se do local físico, na placa-mãe, no qual instalamos placas de expansão, tais como: placa de vídeo, de áudio, fax/modem, rede, placa de captura de TV e rádio AM/FM, entre outras.

Desde os primeiros microcomputadores, diversos barramentos foram desenvolvidos. Dentre eles, citamos: VESA, ISA, PCI, AGP, PCI Express, AMR, CNR e ACR.

Os barramentos VESA (*Video Eletronics Standards Association*) e ISA (*Industry Standard Architecture*) são muitos antigos, e foram abandonados há muitos anos. Foram substituídos pelo barramento PCI (*Peripheral Component Interconnect*), encontrado em placas--mãe atuais.

PCI

Foram desenvolvidos quatro tamanhos de *slots* PCI; cada um varia em tensão de trabalho (V), bits e taxa de transferência. São eles:
- *Slot* 32 bits (3,3V): taxa de transferência máxima de 133MB/s;
- *Slot* 32 bits (5V): taxa de transferência máxima de 266MB/s;
- *Slot* 64 bits (3,3V): taxa de transferência máxima de 266MB/s;
- *Slot* 64 bits (5V): taxa de transferência máxima de 533MB/s.

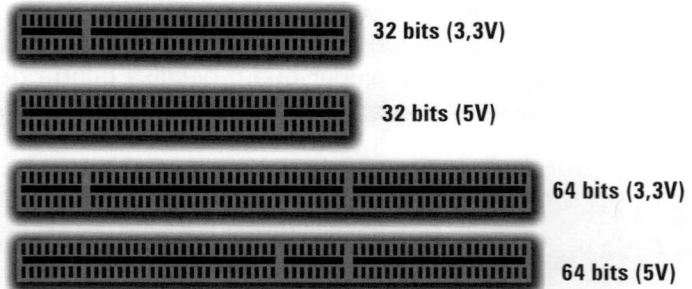

Figura 1.25.: Diferentes *slots* PCI.

Como foram criados *slots* diferentes, também foram criadas placas para cada um desses *slots*. Existem também placas PCI universais de 32 ou 64 bits. Uma placa universal de 32 bits pode ser conectada em qualquer *slot* de 32 bits. Placas universais de 64 bits podem ser conectadas em qualquer *slot* PCI de 64 bits:

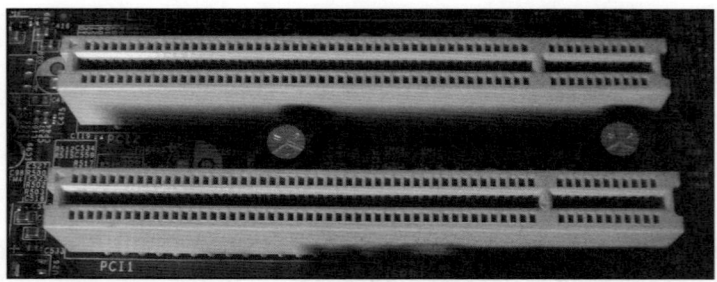

Figura 1.26.: *Slots* PCI em uma placa-mãe.

O barramento PCI possui suporte ao padrão *Plug and Play* (PnP). Qualquer hardware com suporte a esse padrão é reconhecido automaticamente ao iniciar o computador. É por isso que, ao instalar uma nova placa, e reiniciar o computador, o sistema operacional nos "avisa" de que há um novo hardware detectado. Somos informados, inclusive, sobre a marca e o modelo desse novo hardware. Isso se dá graças ao padrão *Plug and Play*.

Para que um hardware possa ser reconhecido automaticamente, ao iniciar o computador, existe um cabeçalho de configuração. Nele, há informações sobre o hardware em questão, que ficam armazenadas em um *chip* (no próprio hardware).

Em placas-mãe atuais, o barramento PCI é conectado diretamente à ponte sul (*chipset*), que trata de realizar todas as operações necessárias (inclusive a comunicação com a ponte norte) para a comunicação entre o processador e a placa de expansão ali instalada:

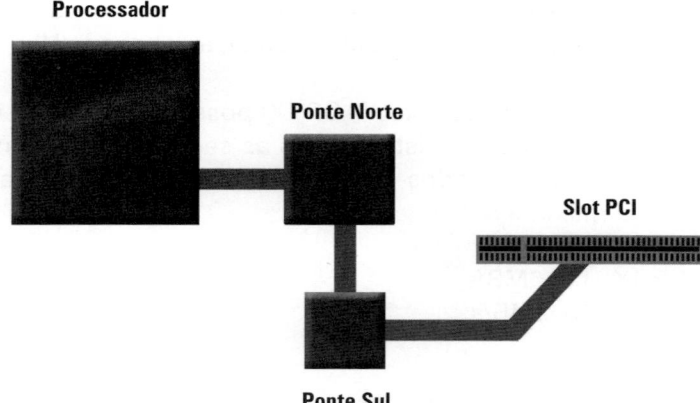

Figura 1.27.: Diagrama básico do funcionamento do barramento PCI.

Atualmente, esse barramento é muito utilizado para a instalação de placas de rede cabeada, ou sem fio, placa de áudio e de captura de TV e rádio AM/FM, entre vários outros exemplos. Em um futuro próximo, ele pode ser substituído pelo barramento PCI Express:

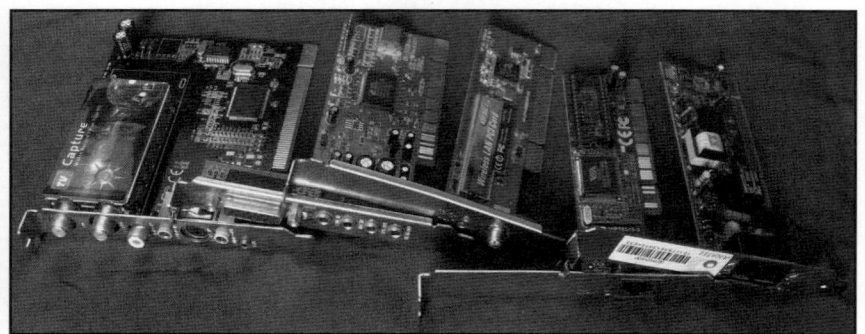

Figura 1.28.: Placas PCI diversas.

AGP

O AGP (*Accelerated Graphics Port*) é um barramento para placas aceleradoras gráficas 3D.

Placas de vídeo com recursos 3D exigem uma grande taxa de transferência no barramento, uma vez que o processo de formação de gráficos 3D é muito mais complexo e pesado do que os 2D. O barramento AGP tem a largura de banda necessária para essa tarefa, sendo quatro vezes maior do que o barramento PCI.

Tal como ocorre com os *slots* PCI, o AGP também possui algumas versões, nas quais variam o tamanho do *slot*, a voltagem (V) e a taxa de transferência.

O AGP de velocidade simples (AGP 1X) possui taxa de transferência máxima de 264MB/s. Existem ainda as seguintes versões: AGP 2X, AGP 4X e AGP 8X. Todos operam a 32 bits e 66MHz. A taxa de transferência máxima é de:
- AGP 2X: 528MB/s;
- AGP 4X: 1.056MB/s;
- AGP 8X: 2.112MB/s.

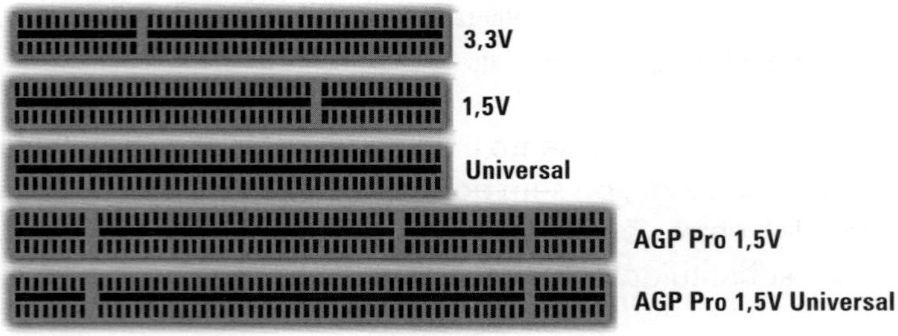

Figura 1.29.: *Slots* AGP.

O *slot* universal não possui chanfros, o que nos permite encaixar placas que utilizam 3,3 ou 1,5V. Ao conectar a placa no *slot*, e reiniciar o computador, a tensão utilizada pela placa é reconhecida automaticamente.

O AGP Pro Universal tem a mesma função, com a diferença de ser maior e conter os chanfros na mesma posição. Ele foi desenvolvido para conectar placas com maior exigência de fornecimento de energia:

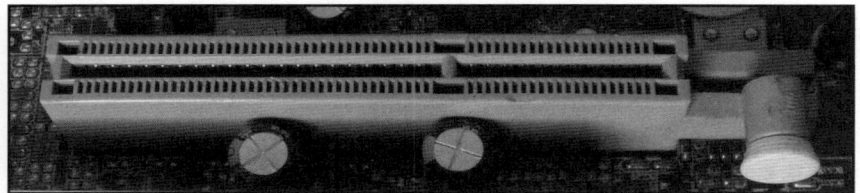

Figura 1.30.: *Slot* AGP em uma placa-mãe.

Figura 1.31.: Uma placa de vídeo 3D AGP.

O barramento AGP foi substituído, atualmente, pelo barramento PCI Express, que suporta a instalação de placas aceleradoras gráficas, bem como qualquer outra placa que utilize esse padrão de barramento.

Indo um pouco além, aos níveis eletrônicos das placas-mãe, o barramento AGP é interligado diretamente à ponte norte (*chipset*), que trata de realizar todas as operações necessárias para a comunicação entre o processador, memória RAM e a placa aceleradora gráfica 3D. Na figura seguinte, há um esquema básico de como essa comunicação pode ocorrer:

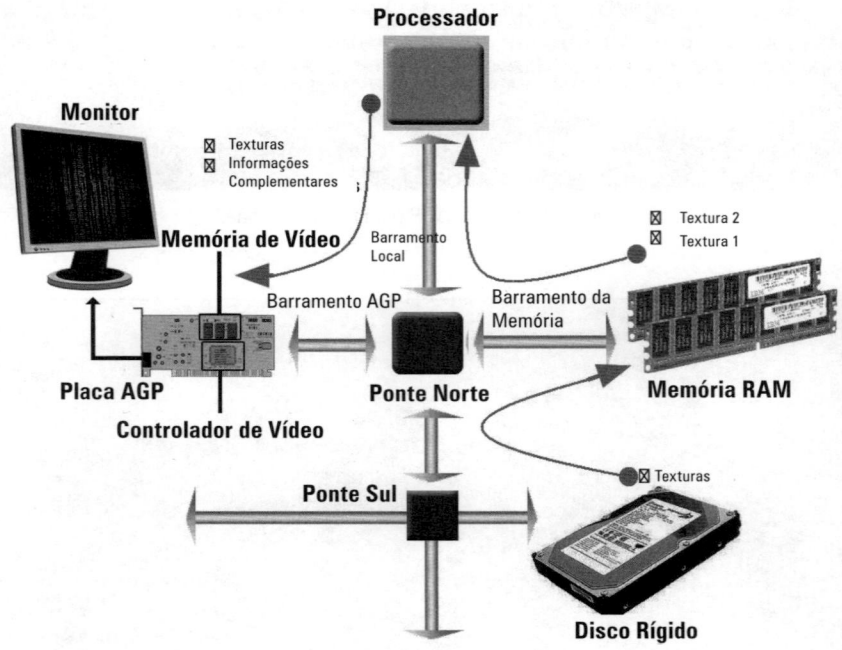

Figura 1.32.: Funcionamento básico do barramento AGP.

Um dos aspectos mais críticos dos gráficos 3D são as texturas. As aplicações 3D trabalham com texturas (bitmaps), uma espécie de "pele". Elas cobrem as superfícies tridimensionais dos objetos. O resumo desse processo consiste no seguinte:

1. As texturas são lidas no disco rígido e carregadas para a memória.

2. Uma vez na memória do computador, elas serão buscadas pelo processador, quando necessárias para uma determinada cena.

3. São, então, aplicadas as informações complementares: luzes, perspectiva etc. Esses dados estão armazenados na *cache*.

4. Nesse ponto, o controlador gráfico entra na história: ele "pega" as texturas e as grava na memória de vídeo.

5. Finalmente, o controlador de vídeo lê as informações sobre as texturas e as informações complementares, criando uma imagem 3D na tela.

PCI Express

Barramento adotado em todas as placas-mãe modernas. Foi projetado para ser usado tanto por placas que exigem grande largura de banda, quanto por placas menos exigentes.

> **Dica:** o barramento PCI Express pode ser chamado de PCIe, ou PCI-EX.

Por isso, ele pode ser usado por placas de vídeo simples, pelas mais avançadas placas aceleradoras gráficas, ou, ainda, por qualquer outro tipo de placa de expansão. Tudo depende dos fabricantes construírem interfaces que utilizem esse barramento.

O AGP já perdeu terreno para esse barramento. Mais um pouco, e o PCI Express poderá substituir inclusive o barramento PCI.

O barramento PCI Express possui uma diferença enorme, quanto à transferência de dados, em relação aos barramentos já citados. Os barramentos VESA, ISA, PCI e AGP trabalham com transferência de dados de forma paralela (comunicação paralela), enquanto o PCI Express é serial.

A comunicação paralela transfere vários bits ao mesmo tempo, uma vez que existem vários canais de transmissão para esses bits. Porém, há um problema: conforme aumenta o *clock*, maiores serão os problemas com interferência eletromagnética e atraso de propagação. Por isso, é inviável construir versões do barramento PCI ou AGP (só para citar como exemplos) mais rápidos e com taxas de transferências maiores.

Já o barramento PCI Express transfere os bits serialmente, ou seja, os bits são enviados um a um, em um mesmo canal. Isso resolve o problema de interferência eletromagnética e o atraso de propagação, uma vez que não existem outros canais (fios), um ao lado do outro, gerando campos eletromagnéticos.

Cada *slot* PCI Express é conectado ao *chipset* (ponte norte) mediante canais dedicados. Trata-se de um barramento ponto-a-ponto, onde cada *slot* possui seu canal independente com o *chipset*. O mesmo fenômeno não ocorre com o PCI, no qual todos os *slots* compartilham o meso caminho de comunicação com o *chipset*, seja de 32 ou 64 bits.

Os campos eletromagnéticos são gerados quando uma corrente elétrica atravessa um fio. Voltando ao barramento paralelo, haverá vários fios, um ao lado do outro, para a transferência dos bits, que são as trilhas de cobre impressas na placa. Como uma trilha fica muito perto da outra, se o campo eletromagnético for muito alto, ocorrerá interferência nas trilhas próximas, podendo corromper os dados.

O atraso de propagação ocorre quando há trilhas com diferentes comprimentos. Havendo diferença nos tamanhos das trilhas, pode ocorrer de o *chip* receptor ser obrigado a aguardar a chegada de todos os bits, para que somente depois possa processar o dado.

Além disso, no PCI Express a comunicação é *full-duplex*, o que significa que há uma trilha para recebimento e outra para transmissão de dados. Isso não ocorre com barramentos paralelos que, geralmente, são *half-duplex*, o que quer dizer que os mesmos canais (fios/trilhas) usados para transmissão são usados para a recepção de dados.

Perceba, então, que, usando a comunicação serial, é possível construir barramentos com capacidade de transmissão de dados muito maiores, sem os problemas que ocorrem na comunicação paralela. Vivenciamos, assim, uma migração da comunicação paralela para a serial. Os dispositivos IDE estão sendo substituídos pelos SATA (comunicação serial); os PCIs e AGPs, pelo PCI Express. E, sem dúvida, o mercado ainda trará muitas novidades.

Outro detalhe importante a entender sobre o PCI Express é que ele permite mais de uma transmissão serial simultânea. Para tanto, evidentemente, utilizamos mais de um canal de transmissão.

Cada canal é formado por uma trilha de envio, e uma de recepção de bits. Dessa forma, há *slots* PCI Express com taxas de transferências diferentes, e com tamanhos físicos diferentes:

> **Dica:** o barramento PCI Express é *hot plug*. Isso quer dizer que é possível conectar e desconectar placas de expansão nos *slots*, mesmo com o computador ligado.

O menor *slot* de todos é o PCI Express X1, que possui a taxa de transferência de dados de 250MB/s. Essa taxa de transferência é menor que a do AGP 2X (528MB/s), do PCI 32 bits 5V, e PCI 64 bits

3,3V (266MB/s). Porém, saiba que o PCI Express pode chegar aos 32 canais. As taxas de transferência máximas são:
- PCI Express X1: 250MB/s;
- PCI Express X2: 500MB/s (250 X 2);
- PCI Express X4: 1.000MB/s (250 X 4);
- PCI Express X8: 2.000MB/s (250 X 8);
- PCI Express X16: 4.000MB/s (250 X 16);
- PCI Express X32: 8.000MB/s (250 X 32).

Figura 1.33.: *Slots* PCI Express. O menor é X1 e o maior é X16.

Figura 1.34.: Placa PCI Express X16.

Em qualquer *slot* é permitida a instalação de placas de mesmo tamanho, ou de tamanhos menores. Por exemplo, nos *slots* X32 é possível instalar placas X1, X2, X4, X8, X16 e X32. Nos *slots* X8 é possível instalar placas X1, X2, X4 e X8. No entanto, nunca, jamais, podemos instalar uma placa maior em um *slot* menor, como uma placa X16 em um slot X4.

Riser card

Um *riser card* é uma placa com circuitos bem simples, geralmente contendo apenas uma parte dos circuitos; é dependente de circuitos presentes em um *chip* na placa-mãe. Ou seja, são placas que sozinhas não conseguem cumprir suas funções, elas ainda dependem de circuitos on-board na placa-mãe. Em outras palavras, esses tipos de placas possuem parte do circuito na placa em si, e a outra parte on-board, na placa-mãe.

Um exemplo muito comum de placas desse tipo são aquelas plaquinhas de fax/modem, que vêm junto com algumas placas-mãe. Elas possuem apenas os circuitos analógicos, sendo que os circuitos digitais necessários ao funcionamento estão em um *chip* na placa-mãe.

Detalhe: placas de áudio simples também podem ser construídas nesse padrão.

Figura 1.35.: *Riser cards.* Nesse caso, uma placa CNR (à esquerda), e uma AMR (à direita). Ambas são fax/modem.

Esses tipos de placas são instalados em *slots* especiais. São três os tipos conhecidos: AMR (*Audio and Modem Riser*), CNR (*Communications and Network Riser*) e ACR (*Advanced Communications Riser*).

Painel traseiro ||||||||||||||||||||||||||||||||||||||||||||||||

Painel traseiro de uma placa-mãe é aquela parte que contém um conjunto de conectores tais como os antigos PS/2 (mouse e teclado), USB, áudio, porta paralela, entre outros. Ao montar o computador, esse painel fica acessível na traseira do gabinete:

Figura 1.36.: Painel traseiro.

Porta USB

O USB (sigla de *Universal Serial Bus*) é um barramento serial que permite a instalação de uma vasta gama de periféricos, tais como: mouse, teclado, câmeras fotográficas e filmadoras, impressoras, escâneres, *pen-drivers*, HDs, leitores ópticos externos etc.

Qualquer sistema operacional a partir do Windows 98 já dá suporte a esse barramento. Além disso, ele tem total suporte à tecnologia *Plug and Play*.

Figura 1.37.: Portas USB em uma placa-mãe.

Placa-mãe

Figura 1.38.: Detalhe de um cabo USB.

Atualmente, é comum a venda de computadores com porta USB na parte frontal do gabinete. Nesses casos, há pinos (na placa-mãe) apropriados para a instalação do cabo proveniente dessas portas frontais.

Na placa-mãe, esses pinos são indicados, geralmente, por algo como USB, ou JUSB (*Jumper USB*). Porém, consulte o manual da placa-mãe para constatar os pinos corretos:

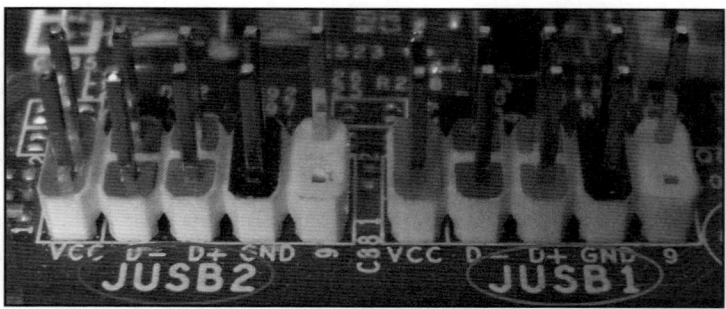

Figura 1.39.: Pinos JUSB na placa-mãe.

Existem placas que possuem portas USB, e que podem ser instaladas em um *slot* PCI. Se o seu computador precisar de mais portas USB, além das que ele já tem, essa é uma boa opção. Outra saída é o *"hub* USB", dispositivo que possui várias portas USB, e que pode ser conectado ao computador por uma porta USB disponível.

Dispositivos USB podem ser conectados ou desconectados com o computador ligado? Essa dúvida é bem comum, e a resposta é sim. O barramento USB permite isso. Ao conectar um dispositivo USB em uma porta, ele automaticamente será reconhecido. Ao retirar o cabo, ele é automaticamente "desconectado".

Para evitar problemas, tais como queimar uma porta de algum dispositivo, os sistemas operacionais, tais como a "família Windows", recomendam que os dispositivos sejam desligados pelo sistema operacional, antes de retirar o cabo do conector.

No Windows, por exemplo, existe, na barra de tarefas, um ícone chamado **Remover hardware com segurança**:

Figura 1.40.: Remover hardware com segurança.

Clique com o botão direito do mouse sobre esse ícone e, depois, em **Remover hardware com segurança**. Será aberta uma janela na qual você pode selecionar o dispositivo que irá desconectar (basta selecioná-lo e clicar no botão **Parar**):

Figura 1.41.: Selecione o dispositivo e clique em **Parar**.

Voltando às características do barramento USB, são duas as versões lançadas:
- USB 1.1: taxa de transferência máxima de 12MB/s;
- USB 2.0: taxa de transferência máxima de 480MB/s.

Vejamos algumas dicas importantes:
- Em cada porta USB, podemos ligar até 127 dispositivos. Isso quer dizer que você pode interligar em uma porta USB um *"hub* USB" com até 127 portas.
- A interligação em cascata (um dispositivo ligado ao outro) também é permitida (desde que o número de dispositivos não passe de 127). Isso quer dizer que você pode, por exemplo, interligar a uma porta um *"hub* USB", nesse *hub* um outro*"hub* USB", nesse último, um teclado, e, no teclado, um mouse, e assim por diante.
- É comum que dispositivos externos possuam uma porta USB para a interligação de outros dispositivos. Por exemplo: um teclado que possui uma porta USB, onde você pode conectar um mouse.

Nota: o barramento USB é interligado à ponte sul (*chipset*), que trata do controle dos dispositivos USB.

Portas PS/2: mouse e teclado

São conectores nos quais instalamos o teclado e o mouse. Muitas vezes são chamados de "Mini-DIN". São idênticos, mas só podemos instalar o teclado no que estiver reservado para o teclado, e o mouse no que estiver reservado para o mouse. Durante a instalação, se ocorrer inversão, o dispositivo não vai funcionar.

Para facilitar o trabalho de instalação, as cores dos conectores são padronizadas: verde para o mouse, e lilás para o teclado. Atenção: nada impede que os fabricantes não usem cores para diferenciar (nesse caso, ambos seriam da mesma cor, preta ou bege, por exemplo):

Figura 1.42.: Portas PS/2 em uma placa-mãe.

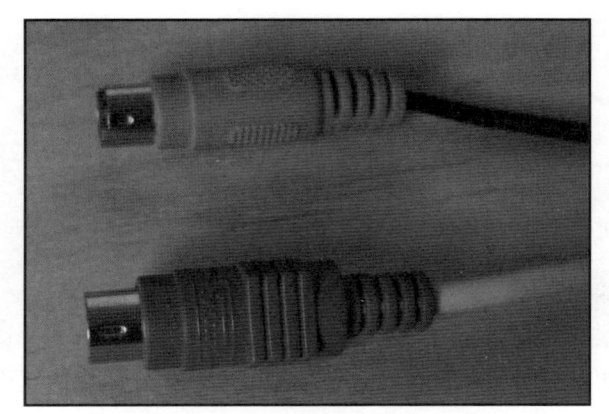

Figura 1.43.: Conectores PS/2 de dispositivos.

Esses conectores atualmente estão caíndo em desuso.

Porta serial e paralela

Essas portas foram muito usadas, há alguns anos atrás, principalmente pelos antigos mouses seriais e impressoras paralelas.

Em placas modernas ainda é comum encontrá-las, pois milhares de usuários ao redor do mundo ainda a utilizam para algum fim, principalmente em impressoras.

Ambos são barramentos lentos, e, por isso, são incorporados pela ponte sul (*chipset*). Mais adiante, neste capítulo, há explicações a respeito de *chipset*:

Figura 1.44.: Porta paralela (1) e serial (2) em uma placa-mãe.

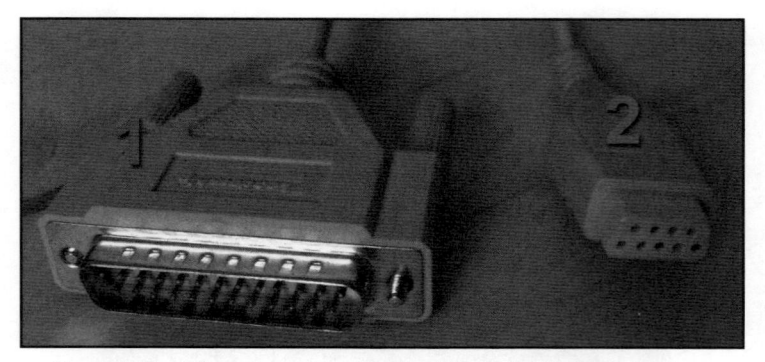

Figura 1.45.: Cabos/conectores paralelo (1) e serial (2) de dispositivos.

Vídeo on-board

É comum o fato de muitas placas conterem o vídeo on-board. Quando isso ocorre, o usuário não precisa comprar uma placa de vídeo à parte, a não ser que ele necessite de um "poder de processamento" de vídeo maior que o circuito on-board pode oferecer.

No atual estágio da tecnologia, já é possível construir placas-mãe com vídeo on-board tão potente quanto o das melhores placas de vídeo. Quando o vídeo é embutido na própria placa-mãe, ele poderá ter um processador de vídeo e memórias à parte (deixando processador e memórias RAM da placa-mãe mais folgados).

Outra forma de embutir o vídeo na placa-mãe é utilizar uma parcela da memória RAM e circuitos embutidos na ponte norte (*chipset*) para o processamento de vídeo. O vídeo on-board passará a utilizar um percentual da memória RAM da placa-mãe, percentual este que pode ser configurado via Setup.

Seja qual for o método utilizado para embutir o vídeo na placa-mãe, no painel traseiro haverá uma porta para a interligação com o cabo do monitor:

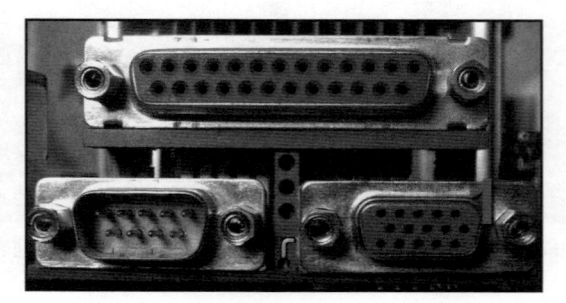

Figura 1.46.: Porta do vídeo on-board.

Áudio on-board

Ainda no painel traseiro, é comum existir, em muitas placas-mãe modernas, conectores para:

- *Audio Out*: é uma saída de som, para a ligação das caixas de som;
- *Line In*: é uma entrada de som, onde é possível, por exemplo, ligar um *micro system* para gravar o som de uma fita K7 no formato digital;
- *Mic*: microfone.

As cores são padronizadas, tanto nos conectores P2 de cada dispositivo, quanto no painel traseiro da placa-mãe:
- Azul: entrada de áudio;
- Verde: caixas de som;
- Rosa: microfone.

Porém, o fabricante pode simplesmente não usar cores para diferenciar. Quando isso ocorre, geralmente um pequeno símbolo ao lado de cada conector indicará a função de cada um. Na dúvida, consulte o manual da placa-mãe:

Figura 1.47.: *Audio Out, Line In* e *Mic* na placa-mãe.

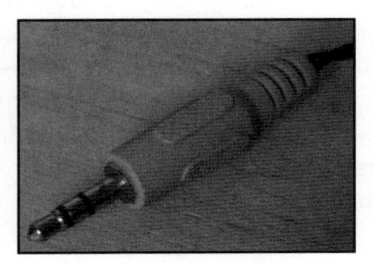

Figura 1.48.: Conector P2 de um dispositivo.

Placa-mãe

Rede on-board

Quando uma placa-mãe contém interface de rede on-board, haverá uma porta RJ-45 (Jack RJ-45) no painel traseiro, tal como mostra a **Figura 1.49**.

Por meio dela, é possível conectar o computador em questão à uma rede, mediante um cabo do tipo par trançado:

Figura 1.49.: Porta RJ-45.

Junto ao Jack RJ-45 haverá, geralmente, dois LEDs indicadores de atividade:

- *Link*: indica se o cabo está conectado à rede. Geralmente na cor verde;
- *Activity*: indica atividade de envio/recebimento de dados na rede. Geralmente, é uma cor alaranjada.

Conector de alimentação da placa-mãe

O conector de alimentação da placa-mãe é usado para prover energia elétrica, por meio da fonte.

Uma placa-mãe atual pode usar fontes ATX (que possui as versões ATX1.0 e ATX2.0), ou BTX (para os computadores BTX).

Além do conector de alimentação elétrica principal (de 20 ou 24 pinos), uma placa-mãe pode possuir um conector extra de quatro fios chamado ATX12V (para fornecer energia extra e ser usado por processadores de alto desempenho), e um auxiliar de seis fios, usado para fornecer energia extra para placas de vídeo de grande exigência.

Não entraremos em muitos detalhes a respeito desse assunto neste capítulo, pois no **Capítulo 2 – Fontes**, há uma abordagem detalhada sobre fontes, cada um de seus conectores, conectores existentes na placa-mãe etc.:

Figura 1.50.: Conector de alimentação (nesse caso, um ATX de 24 pinos) e um auxiliar (de quatro pinos).

Conectores IDE

Conectores IDE presentes na placa-mãe são usados para a ligação de dispositivos IDE, tais como discos rígidos e drives ópticos.

No geral, uma placa-mãe contém até dois conectores IDE, e, em cada um, é possível instalar dois dispositivos IDE, o que totaliza quatro dispositivos IDE.

Devido à grande ascensão do padrão SATA, o padrão IDE está sendo deixado de lado. É comum algumas placas possuírem somente um conector IDE e dois, quatro ou mais conectores SATA.

Neste capítulo, não vamos entrar em maiores detalhes a respeito do padrão IDE, uma vez que esse assunto será tratado no **Capítulo 3 – Funcionamento físico e lógico dos discos rígidos**:

Figura 1.51.: Conector IDE na placa-mãe.

Placa-mãe

Conectores SATA

É um padrão que está substituindo o IDE. Discos rígidos e leitores ópticos SATA já são comuns atualmente.

Trata-se de um padrão serial, e a primeira versão lançada possui uma taxa de transferência máxima bem maior do que a última versão IDE desenvolvida. O IDE UDMA 133 possui taxa máxima de 133MB/s, enquanto o SATA I possui taxa de 150MB/s.

Como no **Capítulo 3** abordaremos mais a fundo o padrão SATA, não entraremos em detalhes aqui:

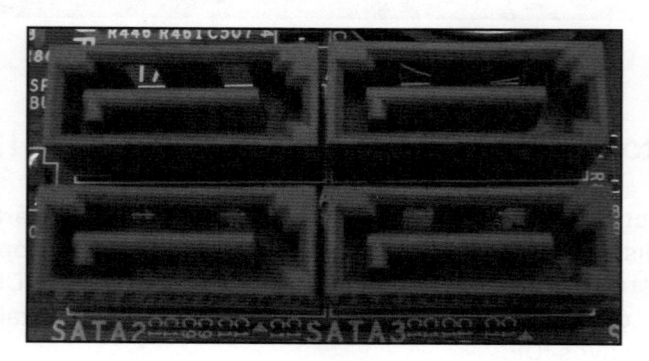

Figura 1.52.: Conectores SATA em uma placa-mãe.

Conector FDD

O conector do drive de disquetes não é mais incluído na maioria das placas-mãe atuais. Os drives de disquetes de 3 ½ não são mais encontrados com facilidade nos computadores atuais.

Os conectores na placa-mãe são chamados de FDD (*Floppy Disk Drive*) ou FDC (*Floppy Disk Connector*). O drive de disquete, por ser um dispositivo lento, possui seu controle sob responsabilidade da ponte sul (*chipset*):

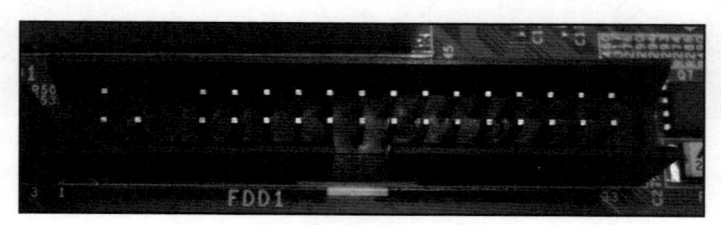

Figura 1.53.: Conector FDD.

Para instalar um drive de disquetes, utiliza-se um cabo *flat* de 34 vias (dados), e um conector *berg* para alimentação elétrica:

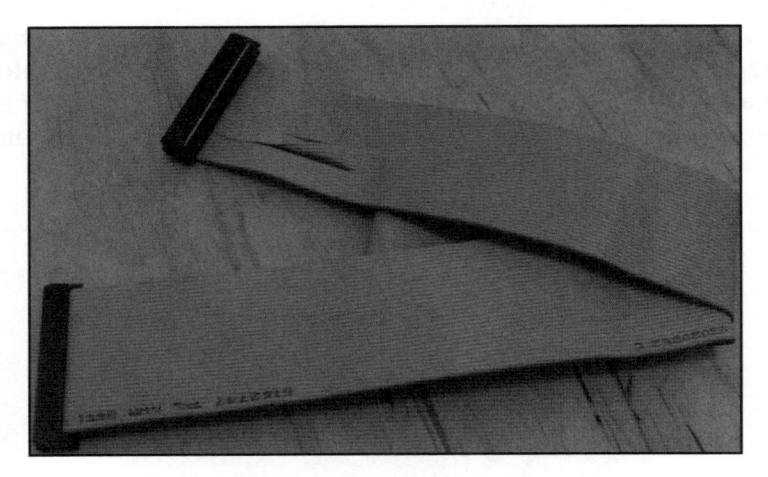

Figura 1.54.: Cabo *flat* de 34 vias.

O cabo *flat* de 34 vias possui dois ou três conectores. Um dos conectores fica em uma ponta torcida do cabo. Essa ponta torcida deve ser instalada no disquete, que aparecerá como "Unidade A:", no sistema operacional.

Figura 1.55.: Ponta torcida do cabo *flat* de 34 vias.

A outra ponta deve ser instalada no conector FDD (ou FDC) da placa-mãe. O terceiro conector (quando existir), que fica entre ambas as pontas, pode ser utilizado para a instalação de um segundo drive de disquetes.

Placa-mãe

Em placas-mães atuais, o cabo *flat* se encaixa apenas em uma posição, graças a uma guia de encaixe (um pequeno corte existente no conector da placa-mãe e do drive de disquetes, e um ressalto no cabo *flat*). Mas, por segurança, você pode verificar o pino 1. Basta instalar o pino 1 do cabo *flat* com o pino 1 dos conectores (tanto na placa-mãe quanto no drive de disquetes). O pino 1 do cabo *flat* é indicado por uma listra vermelha, rosa ou branca (para cabos pretos).

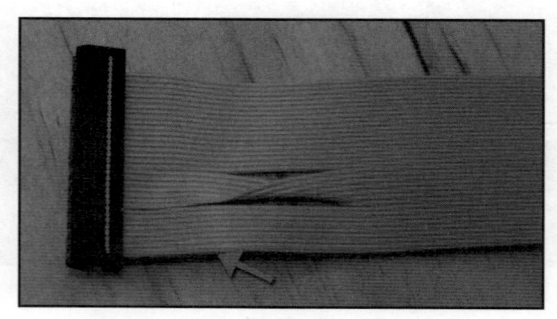

Figura 1.56.: Pino 1 no cabo flat.

No conector existente na placa-mãe e no drive de disquetes, o pino 1 é indicado pelo número 1, impresso na placa, ao lado do conector. Se existir um número grande, algo como 33, indica que o pino 1 encontra-se na posição oposta.

O conector *berg* é o famoso conector para drive de disquetes. Ele possui quatro fios, sendo um vermelho (+5V), dois pretos (terra) e um amarelo (+12V). Encaixa-se apenas em uma posição no conector do drive. Se sentir muita resistência ao instalá-lo, verifique se não está invertido. Se instalá-lo erroneamente, você poderá queimar o drive de disquetes:

Figura 1.57.: Conector *berg*.

Conector para cabo de áudio

Esse conector é usado para conectar um cabo de áudio, interligado a placa-mãe ao leitor óptico. Ele serve para garantir que você possa ouvir o som reproduzido por CDs de áudio (CD-A). Sua instalação acaba não sendo obrigatória, uma vez que o áudio de CDs pode ser reproduzido pelo cabo de dados.

Na placa-mãe e no leitor óptico, esse conector é indicado por CD-IN ou AUX-IN (para cabo analógico), ou CD-SPDIF (para cabo digital). De qualquer forma, consulte o manual da placa-mãe:

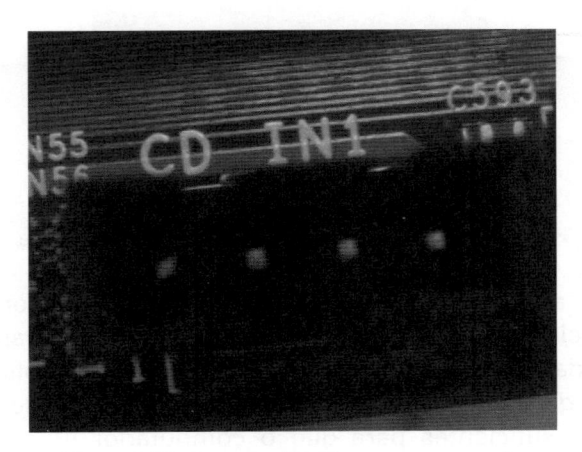

Figura 1.58.: Conector CD-IN em uma placa-mãe.

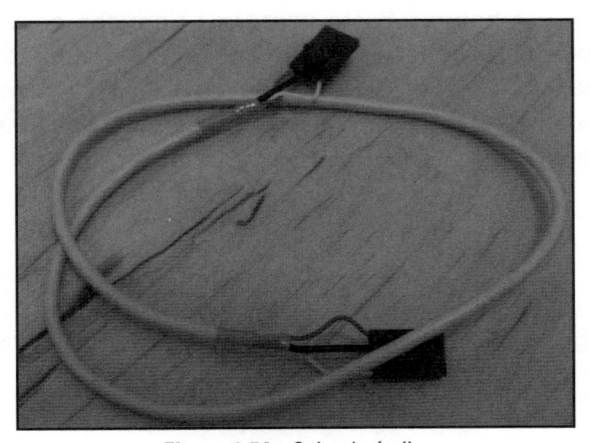

Figura 1.59.: Cabo de áudio.

Placa-mãe

Bateria ||||||||||||||||||||||||||||||||||||||||||||||||||||||

A bateria, que serve para alimentar o *CMOS Setup*, mais comum utilizada atualmente é a de *lítio* (em formato de moeda). Ela não é recarregável, e portanto, deverá ser trocada quando perder a sua carga.

Figura 1.60.: Bateria de lítio em seu soquete na placa-mãe.

Quando a bateria descarregar, o computador perderá as configurações feitas no Setup. Por exemplo, data e hora ficarão erradas (será exibida uma data mais antiga). O computador voltará às configurações *default*, que são os ajustes feitos pelo fabricante. Esses ajustes são suficientes para que o computador funcione, porém qualquer tipo de ajuste que você tenha feito, para que o computador tenha um melhor desempenho, será perdido.

Para trocar a bateria, basta usar uma pequena chave de fenda para desencaixá-la do soquete. O lado positivo (marcado por um sinal de +, na bateria) deve ficar voltado para cima (no caso de soquetes como o da **Figura 1.62.**). Em caso de dúvidas, consulte o manual da placa-mãe:

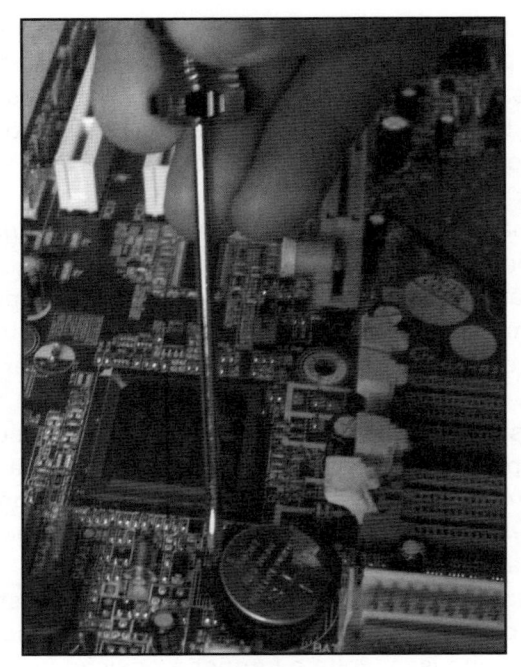

Figura 1.61.: Retirada da bateria.

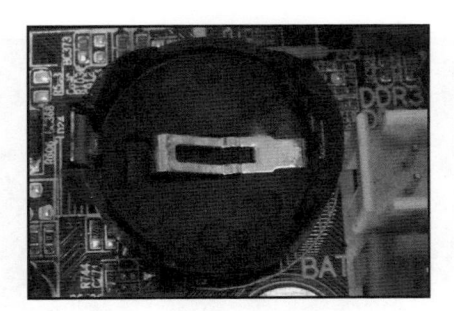

Figura 1.62.: Soquete da bateria.

Placa-mãe

A retirada da bateria é feita não somente quando é necessário trocá-la. Você pode fazer isso também quando for necessário apagar as informações feitas no Setup, e que estão gravadas na memória CMOS Setup. Basta retirá-la, aguardar alguns segundos (uns 30 segundos) e colocá-la novamente no soquete. Faça isso somente com o computador desligado.

Outra forma de apagar o CMOS Setup é pelos *jumpers* Clear CMOS (que ficam, geralmente, próximos da bateria). Ao comprar uma placa-mãe nova, o *jumper* da bateria virá na posição Clear CMOS, que impede que a bateria alimente o CMOS Setup, economizando-a. Para o computador ligar, esse *jumper* deve ser configurado na posição Normal.

Podem existir dois ou três pinos. Quando existem somente dois, geralmente a posição Clear CMOS é com o *jumper*, e a posição normal é sem o *jumper*. Quando existem três, deve-se consultar o manual da placa-mãe para averiguar qual a posição Clear, e qual é a posição normal.

Portanto, para apagar as informações do Setup, basta posicionar o *jumper* na posição Clear CMOS, e aguardar alguns segundos (uns 30 segundos). Feito isso, volte o *jumper* à posição normal, e ligue o computador:

Figura 1.63.: *Jumper* da bateria.

ROM BIOS

BIOS significa *Basic Input/Output System* (Sistema Básico de Entrada/Saída). É um *firmware* (software gravado em uma memória permanente) que serve para prover o suporte básico ao hardware, e permitir o boot no disco rígido, para posterior inicialização do sistema operacional.

Sem um BIOS, um computador simplesmente não liga. Ele é imprescindível ao "arranque" inicial, dando condições ao processador para realizar as operações mais básicas, como contar memória, inicializar os dispositivos etc. O BIOS continua em uso mesmo depois de inicializado o sistema operacional.

Ele fica gravado em uma memória ROM (*Read-Only Memory*), tipo de memória que permite somente a leitura de suas informações, e que não as perde mesmo quando o computador é desligado (ou seja, é cessada a alimentação elétrica).

A memória ROM que armazena o BIOS da placa-mãe é chamada de ROM BIOS. O Setup (ver **Capítulo 4 – Como entender e configurar o Setup de seu computador**) e o POST (programa de diagnóstico executado ao ligar o computador; ele checa e conta as memórias RAM) também ficam gravados nessa memória ROM:

Figura 1.64.: ROM BIOS de uma placa-mãe.

Pinos e *jumpers*

Antes de montar um computador, é importante fazer uma leitura detalhada de seu manual. Um dos pontos importantes que se deve averiguar é se há algum ajuste que deve ser feito via *jumpers*, na placa-mãe.

Como sabemos, os *jumpers* são pequenas peças plásticas conectadas em pinos (na placa-mãe, ou em dispositivos, tais como HDs, entre outros exemplos), a fim de se realizar alguma configuração específica. Para a placa-mãe ligar, por exemplo, o *jumper* da bateria deve ser posicionado na configuração normal de funcionamento.

Placas-mãe atuais necessitam de configurações, via *jumpers*, mínimas. Em um passado não tão distante, diversas configurações eram feitas por eles.

De qualquer forma, verifique o manual. Algumas placas podem ter *jumpers* para seleção de energia para o painel traseiro USB, *jumper* para o tipo de memória (DDR ou DDR2, por exemplo) etc.

Pinos do painel dianteiro

Esse conjunto de pinos é destinado à instalação dos conectores provenientes do painel dianteiro: LEDs, e botões Power e Reset. Consulte o manual da placa-mãe para verificar a instalação correta, pois a forma de instalação pode variar de placa para placa:

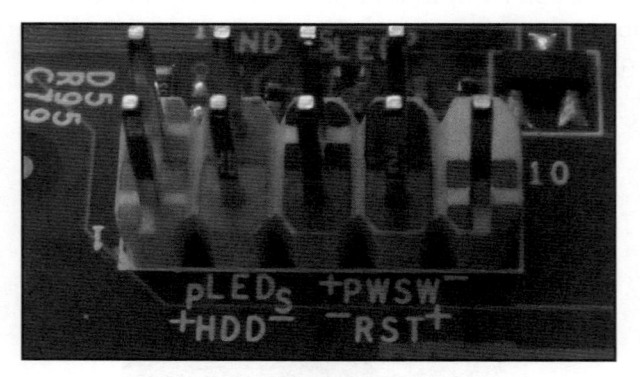

Figura 1.65.: Pinos do painel frontal.

Furos para fixação da placa à base

Um dos pontos que demandam bastante cuidado é a fixação da placa-mãe à base. Técnicos experientes cumprem essa tarefa de forma rápida e natural; os menos experientes podem cometer erros gravíssimos.

Um erro já conhecido em montagem de computadores é colocar a espuma (geralmente rosa, ou de cor mais escura, como a preta) entre a placa-mãe e a base. Aquela espuma que vem dentro da caixa da placa-mãe serve tão somente para protegê-la durante o transporte e armazenamento, ou seja, enquanto ela estiver dentro da caixa. Ao montar um computador, essa espuma deve ser jogada no lixo. Alguns técnicos pensam que, ao colocá-la entre a placa e a base, essa espuma irá proteger a placa-mãe. Mas, proteger de quê? A menos que você quebre a placa-mãe ao meio, ela jamais irá encostar na base, desde que corretamente parafusada. E o pior: essa espuma só aumentará o aquecimento interno do gabinete. Por isso, não adote essa "técnica".

Ao parafusar a placa-mãe à base de fixação, prenda-a de tal forma que use todos os furos disponíveis. Não deixe nenhum lado solto. E preste atenção: o uso de arruela poderá ou não ser obrigatório. Se o furo for metalizado (revestido por metal), não é necessário usar arruelas. A própria metalização desses furos já faz o papel de uma arruela. Se o furo for não-metalizado, use arruelas de papelão ou nylon, em ambos os lados da placa-mãe.

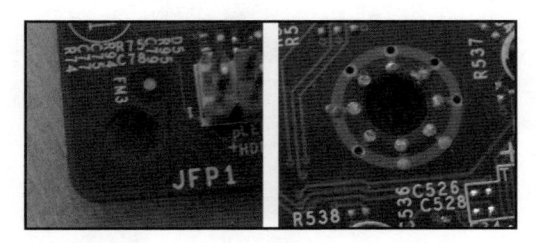

Figura 1.66.: Furos na placa-mãe. Não-metalizado (à esquerda) e metalizado (à direita).

Os parafusos também são importantes. Use parafusos cabeça redonda rosca fina para prender a placa-mãe à base. Sobre a base, em cada furo, é colocado um parafuso hexagonal:

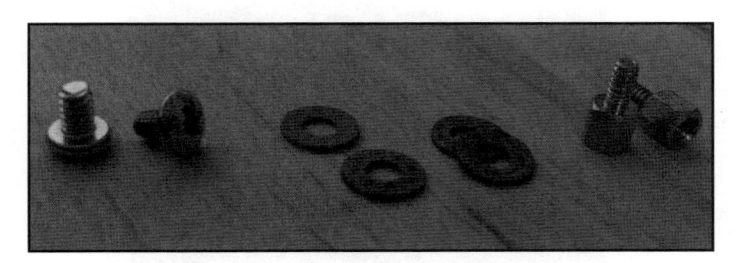

Figura 1.67.: Parafusos cabeça redonda rosca fina (à esquerda), arruelas de papelão (ao centro) e parafusos hexagonais (à direita).

Chipset

Literalmente falando, *chip* é pastilha, *set* é conjunto. *Chipset* é um conjunto de circuitos eletrônicos montados em uma pastilha de silício.

Placa-mãe

O *chipset* geralmente é composto por dois chips: *Northbridge* (Ponte Norte) e *Southbridge* (Ponte Sul). Nas páginas anteriores deste capítulo já mencionamos ambos algumas vezes.

Observe na **Figura 1.68**, onde há um diagrama bem simples do *chipset*. O processador é ligado diretamente à Ponte Norte, que por sua vez é ligada à Ponte Sul. Por isso a Ponte Norte é o chip que fica mais próximo ao processador.

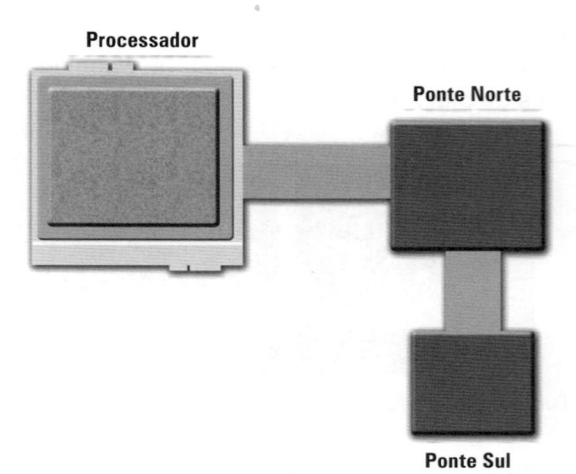

Figura 1.68.: Diagrama simplificado do *chipset*.

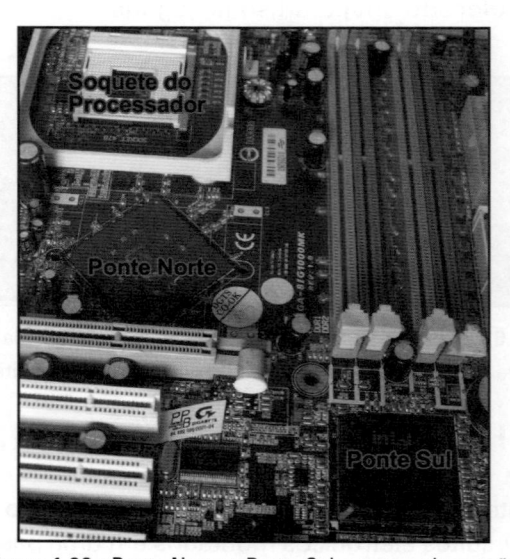

Figura 1.69.: Ponte Norte e Ponte Sul em uma placa-mãe.

Porém, para que serve o *chipset*? Explicando de forma bem simples, saiba que o *chipset* possui a função de controlar diversos circuitos na placa-mãe. Entre eles citamos:
- Acesso à memória;
- Barramentos e interfaces;
- *Clock* externo (velocidade com a qual o processador comunica-se com a memória RAM).

A Ponte Norte é a mais complexa, e o que assume as tarefas mais "pesadas". Para você ter uma ideia, é ela quem controla barramentos mais velozes, tais como o PCI Express e ou AGP.

Exatamente por esse motivo, é comum que em muitas placas-mãe a ponte norte possua um dissipador de calor metálico (em alguns modelos de placas-mãe de alto desempenho, os dois *chips* podem possuir um dissipador metálico).

Entre os circuitos que a ponte norte controla, citamos: PCI Express, AGP, barramento da memória, entre outros.

Se a Ponte Norte executa tarefas mais "pesadas", para a Ponte Sul sobram as mais "leves". No geral, é um chip menor que a ponte norte, e não possui dissipador metálico (como já dissemos, em algumas placas-mãe de alto desempenho, a ponte sul pode ter dissipador).

Entre os circuitos que a ponte norte controla, citamos: USB, IDE, SATA, fax/modem, portas PS/2, paralela, serial, rede, som, FDD, entre outros:

Figura 1.70.: Ponte Norte e Ponte Sul com dissipadores de calor.

Dez dicas para instalar a placa-mãe corretamente, deixando-a totalmente operacional

1. Verifique o *jumper* da bateria, que deve estar na posição normal de funcionamento. Se ela estive na posição Clear, o computador não vai ligar.

2. Faça uma leitura minuciosa do manual para saber se há ajustes especiais, via *jumpers* ou *dip-switch*, que devem ser feitos. Por exemplo, em placas que suportam dois tipos de memória (DDR e DDR2), pode existir (ou não, isso não é regra) um *jumper* para selecionar o tipo de memória que vai ser usada.

3. Parafuse a placa-mãe na base de fixação antes de iniciar o trabalho. Se a base for soldada ao gabinete, faça isso a partir do sexto ponto (a seguir). Ao comprar a placa-mãe, virá junto com a caixa uma espuma (do tamanho da placa-mãe) que serve para protegê-la. Jogue-a no lixo. Jamais parafuse a placa à base com essa espuma entre elas.

4. Instale o processador. Use uma fina camada de pasta térmica, mas não exagere. Instale o *cooler* e conecte o seu cabo de alimentação elétrica.

5. Instale as memórias e verifique se ficaram perfeitamente encaixadas.

6. Caso dê para conectar os fios do painel frontal (botões Power, Reset etc.), as portas USB dianteiras (caso tenha), entre outros, antes de fixar a base ao gabinete, faça isso agora. O trabalho será mais fácil. Caso não dê (se os fios forem curtos), parafuse a base ao gabinete. Depois, conecte os fios em seus devidos pinos. Caso a base do gabinete seja soldada, ela já estará no lugar.

7. Antes de ligar o computador pela primeira vez (inclusive acessando o sistema operacional), instale somente as placas de expansão obrigatórias, tais como a placa de vídeo, caso não use interface de vídeo on-board. Somente depois de instalar o sistema operacional, instale as demais placas. Isso facilita o trabalho. Se, durante a montagem, ocorrer algum erro, ficará mais fácil localizar o hardware defeituoso.

8. Configure o Setup de forma correta. Evite fazer *overclocks*, tais como aumentar o *clock* do processador (quando possível).

9. Instale o sistema operacional e configure-o. Instale todos os *drivers* fornecidos pelos fabricantes.

10. Faça uma checagem final, verificando se tudo está perfeitamente instalado. Organize a parte interna do gabinete, visando a uma melhor ventilação.

Capítulo 2

Fontes

> **Finalidade:** reconhecer cada um dos componentes de uma fonte moderna e saber como instalá-la corretamente.

Introdução

Um dos pontos vitais, críticos, de um computador é a fonte de alimentação. Ela fornece energia elétrica, o "sangue" dos computadores, à placa-mãe e a todos os dispositivos. Por isso, um mau funcionamento desse componente pode causar falhas no funcionamento do computador, como *resets*, ou *desligamentos* indesejados.

Por isso, jamais subestime a fonte. Compre fontes de marcas conhecidas (de preferência, de potência real), e com uma potência ideal a sua configuração. Entre as marcas de fontes de potência real, citamos: Huntkey, Antec, Serventeam, Thermaltake, entre outras.

Para configurações básicas (um computador com um HD, um drive óptico, vídeo on-board, processador *single core*), fontes a partir de 350/400W trabalham bem. Para configurações medianas (um computador com dois HDs, um drive óptico, placa de vídeo potente, processador *dual core*), prefira fontes a partir de 500/550W.

Fontes com potência baixa, em relação ao que o computador necessita, podem causar erros, como *resets* ou desligamento repentino; em situações extremas, é possível queimar algum componente.

A potência da fonte é calculada levando em consideração cada item instalado em um computador. O ideal é adquirir uma fonte com potência um pouco acima do necessário (50 ou 100W a mais) à sua configuração. Dessa forma, a fonte "servirá" seu computador com "folga". No endereço www.extreme.outervision.com/psucalculatorlite.jsp, podemos calcular a potência ideal à configuração. Vale à pena fazer uma visita ao site.

Porém, não adianta comprar uma fonte de boa marca, e com uma potência ideal, se você não instalá-la corretamente. Não basta "plugar" o conector de alimentação principal na placa-mãe, e os conectores dos dispositivos, achando que isso já é suficiente.

Um dos pontos críticos, nos computadores atuais, é exatamente o fornecimento de energia. Alguns componentes de um computador são exigentes no quesito alimentação elétrica, e precisam de uma energia extra. Como exemplos, citamos processadores e placas de vídeo de alto desempenho.

Para fornecer energia extra à placa-mãe e dispositivos, as fontes passaram a ser construídas com mais pinos no conector de alimentação da placa-mãe (o ATX 1.0 possui 20 pinos, e o ATX 2.0, 24 pinos); conectores extras se tornaram comuns.

Isso quer dizer que, ao instalar uma fonte (em computadores atuais), vamos instalar um conector principal de alimentação da placa-mãe, e pelo menos um extra de quatro pinos. E esse é exatamente o objetivo deste capítulo: aqui, você verá como reconhecer cada um dos conectores e demais componentes de uma fonte, e como instalá-la de forma correta.

A fonte

Uma fonte típica é composta por diversos conectores (de alimentação da placa-mãe e dos dispositivos), por uma chave de seleção de voltagem, e uma entrada AC (que recebe a energia elétrica proveniente da tomada de sua casa).

Algumas fontes podem ter, ainda, na parte traseira, uma saída AC, e uma chave liga/desliga (botão de desligamento geral):

Figura 2.1.: Uma fonte ATX (2.0).

Painel traseiro

O painel traseiro é a parte que fica visível na traseira do gabinete, na qual conectamos o cabo de força. Nela, você irá encontrar: uma chave seletora de voltagem, uma chave liga/desliga (alguns modelos de fontes podem não tê-lo), entrada AC e saída AC (alguns modelos de fontes podem não tê-la):

Figura 2.2.: Painel traseiro de uma fonte.

Saída de ar quente IIIIIIIIIIIIIIIIIIIIIIIIIIIIIIIIIIIIIIII

Dependendo do modelo da fonte, essa parte traseira também é o local em que ocorre a saída de ar quente, expulso pelo microventilador (ventoinha), interno à fonte.

Observe que a fonte da **Figura 2.2.** contém a chave liga/desliga, a entrada AC, a chave seletora de voltagem, mas não contém a saída AC. Ela também não possui o microventilador traseiro, que fica na parte interna da fonte "soprando" ar quente para fora.

Porém, a parte traseira possui uma espécie de grade, ou seja, a lataria é toda "furada". Essa grade ajuda a manter a fonte mais refrigerada, uma vez que acaba constituindo-se em um "escape" para o ar quente, ou em uma entrada para o ar frio (depende de como funciona seu modelo de fonte):

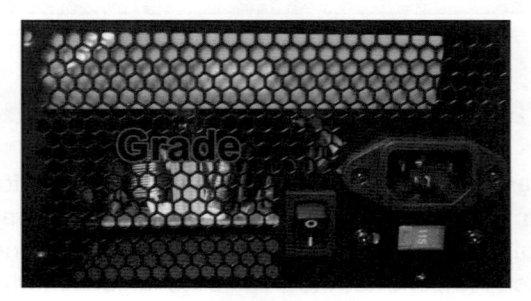

Figura 2.3.: Grade.

Esse modelo de fonte, que usamos como referência, possui um microventilador na parte inferior, que sopra ar para fora da fonte, mas não possui o traseiro.

Se você se sentiu um pouco confuso quanto a esse tipo de fonte (figuras anteriores), não se preocupe, pois, mais à frente, há explicações sobre como instalá-la corretamente (ver tópico **Como instalar fontes que não possuem microventilador traseiro**).

Por hora, saiba que, quando usar esse tipo de fonte, é indispensável instalar um microventilador na parte interna/traseira do gabinete, bem como na parte de cima (logo abaixo da fonte), para soprar o ar quente, gerado pela fonte, para fora do gabinete.

Observe, agora, a figura seguinte, e perceba que há algumas diferenças do painel traseiro, em relação à **Figura 2.2**:

Figura 2.4.: Painel traseiro de uma fonte. Contém saída AC.

Essa fonte possui um painel traseiro um pouco diferente. Observe que ele tem a saída AC, mas, em contrapartida, não possui a chave liga/desliga. Vemos, também, o tradicional microventilador traseiro. Fontes desse tipo trabalham com o microventilador traseiro soprando o ar quente para fora, sempre. Leia mais sobre o assunto no tópico **Microventilador traseiro da fonte**.

Nesse momento, você, amigo leitor, pode estar se perguntando: "Mas, existem fontes que contém todos os itens (chave seletora de voltagem, chave liga/desliga, entrada e saída AC)?". Sem dúvida alguma, existem modelos com todos esse itens.

Chave seletora de voltagem

Sua residência é alimentada por energia elétrica de 110 ou 220V? Ela é alimentada por uma energia de 220V, mas possui tomadas para 110 e 220V?

A chave seletora de voltagem serve exatamente para selecionar a voltagem que será fornecida pela tomada no qual o computador será ligado. Esse ajuste é importantíssimo; um erro pode causar a queima da fonte.

Figura 2.5.: Chave seletora de voltagem.

Se as tomadas de sua residência (ou a tomada no qual o computador for ligado) fornecem 110V, configure essa chave como 115V. Se as tomadas forem de 220V, configure-a como 230V. Se a voltagem recebida pela entrada AC for maior do que a voltagem configurada para a fonte, ela fatalmente queimará. Por exemplo, se a voltagem for 220V, e você configurar a chave como 115V, entrará uma carga muito maior da que os circuitos da fonte são capazes de suportar.

Entrada AC/corrente contínua e alternada

A entrada AC é um *plug* do macho. Ele contém três pinos, o padrão em computadores. Por meio dele, o computador recebe energia elétrica:

Figura 2.6.: Entrada AC.

AC é sigla do termo inglês *Alternating Current*, que, em bom português, quer dizer Corrente Alternada (CA). Esse tipo de corrente sofre alterações, variações ao longo do tempo. Os computadores não trabalham, internamente, com corrente alternada, e sim com a contínua, a que não sofre variações ao longo do tempo. A sigla de corrente contínua é CC (*Continuous Current*) ou DC (*Direct Current*, ou Corrente Direta).

Então, a fonte, além de receber a energia elétrica da placa-mãe, e demais dispositivos, converte a corrente alternada em corrente contínua.

Porém, vamos raciocinar um pouco: uma placa-mãe e seus dispositivos são alimentados eletricamente com 110 ou 220V? Não!!! A fonte, ao receber a energia da tomada, fornece tensões (mediante os fios de seus conectores) à placa-mãe e aos demais dispositivos em valores muito menores do que esses.

Saída AC

A saída AC, um *plug* "fêmea", é, simplesmente, uma tomada comum, no padrão de três pinos. Nela, você terá a mesma voltagem que chega à entrada AC. Por ser nada mais que uma tomada, pode ser utilizada como tal: é comum usá-la para ligar o monitor do computador:

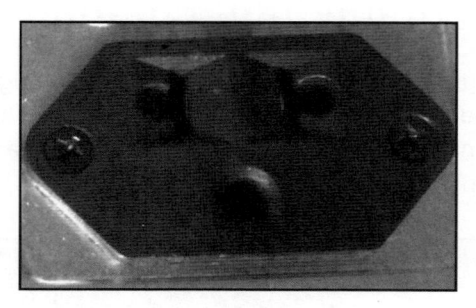

Figura 2.7.: Saída AC.

Pinagem das entradas e saídas AC

Com pode perceber, a entrada AC e a saída AC utilizam o padrão de tomadas de três pinos. A pinagem é a seguinte:
- Tomadas 110V: neutro (polo da esquerda), fase (polo da direita) e terra (polo inferior central);
- Tomadas 220V: fases (polos da esquerda e da direita) e terra (polo inferior central).

Chave Liga/Desliga |||||||||||||||||||||||||||||||||||||||||

Essa chave também fica localizada no painel traseiro da fonte. Nem todas as fontes terão essa chave, por isso, se seu modelo não a tiver, não se preocupe. Isso não determina se a fonte é melhor ou pior que as outras. Ela serve apenas para desligar totalmente a fonte. Ao desligá-la, se o usuário tentar ligar o computador pressionando o botão Power (do painel frontal do gabinete), ele não ligará.

Geralmente, ela possui dois símbolos: o símbolo **I** (1), referente ao estado ligado (pressione o botão sobre a parte na qual ele se encontra, para ligar a fonte) e o **0**, o estado desligado (pressione o botão sobre a parte na qual ele se encontra para desligar a fonte):

Figura 2.8.: Chave Liga/Desliga.

Cabo de força ||||||||||||||||||||||||||||||||||||||||||||||

É um cabo, geralmente, em cor preta ou bege. Segue o padrão de três pinos. Deve ser ligado à entrada AC da fonte; a outra ponta fica presa a uma tomada. Atenção: com a voltagem correta! Se houver problema, leia o tópico **Chave seletora de voltagem**:

Figura 2.9.: Cabo de força.

É interessante abrir parênteses para salientar que é comum, nas residências brasileiras, o uso do padrão de tomadas de dois pinos. Quando um usuário compra um computador, chega à sua casa, e percebe que não consegue ligar o cabo de força à tomada devido a esse detalhe, o que fazer?

Muitos resolvem quebrar o terceiro pino (terra). Porém, isso não é o indicado. O terra é essencial para proteger seu computador contra descargas elétricas, por exemplo. O indicado é a instalação de tomadas de três pinos, inclusive com o fio terra devidamente instalado.

Porém, é possível ligar o cabo de força a uma tomada de dois pinos sem a necessidade de quebrar o terceiro pino. Basta usar um benjamim, aparato fácil de encontrar em qualquer loja de materiais elétricos, eletrônicos, e até em lojinhas de 1,99. Porém, essa é uma solução provisória, nada definitiva:

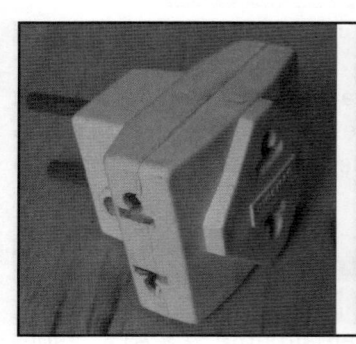

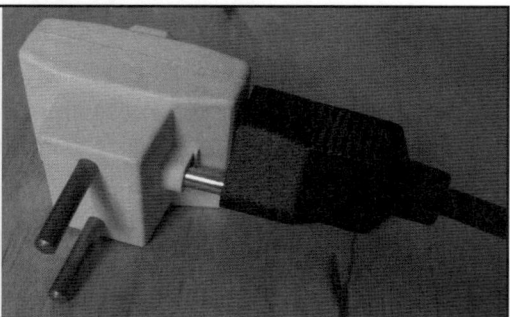

Figura 2.10.: Uso de benjamim.

Microventilador traseiro da fonte

Fontes que possuem microventilador traseiro, que também pode ser chamado de ventoinha, são típicas. O modo de instalação mais aceito é com a ventoinha "soprando" ar para fora. Isso porque a fonte aquece o ar em seu interior; o ideal é que ele seja expulso de dentro dessa fonte, sendo jogado para fora do gabinete.

Se a ventoinha for instalada soprando ar para dentro, ele será jogado para o interior do gabinete, aumentando o aquecimento interno:

Figura 2.11.: Ventoinha traseira de uma fonte.

Para saber se a ventoinha está "soprando" o ar para fora, basta colocar a mão na parte traseira do gabinete, bem na frente da grade em que ela fica. Se você sentir o fluxo de ar, ele está sendo jogado para fora, e a instalação está correta.

Fontes ATX

O tipo de fonte mais comum, usado atualmente, é a ATX, especificamente o ATX 2.0, a última versão lançada do padrão ATX. São dois os padrões de ATX:
- ATX 1.0;
- ATX 2.0.

ATX 1.0/conector de alimentação da placa-mãe |||||||

O ATX 1.0 é a primeira versão. Possui 20 pinos, divididos em duas fieiras de dez. Esse conector só se encaixa em uma única posição, graças ao formato de seus "dentes" (local de seus contatos metálicos): uns são mais arredondados, e outros, mais quadrados.

Em um dos lados, existe uma trava de segurança que, além de permitir uma instalação mais firme, serve como guia de encaixe. Dessa forma, a instalação no conector correspondente, na placa-mãe, é precisa e segura:

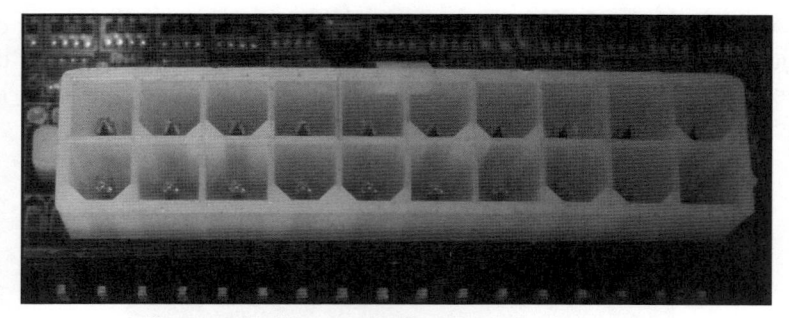

Figura 2.12.: Conector de alimentação na placa-mãe.

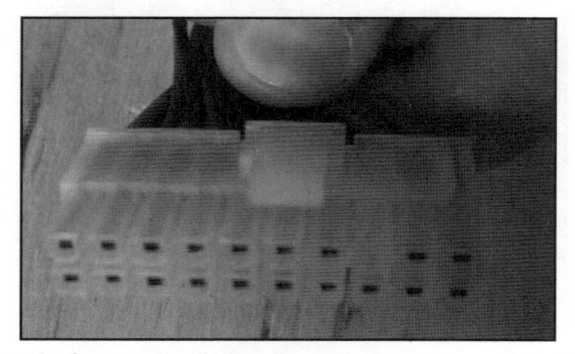

Figura 2.13.: Conector de alimentação da placa-mãe proveniente da fonte.

ATX 1.0

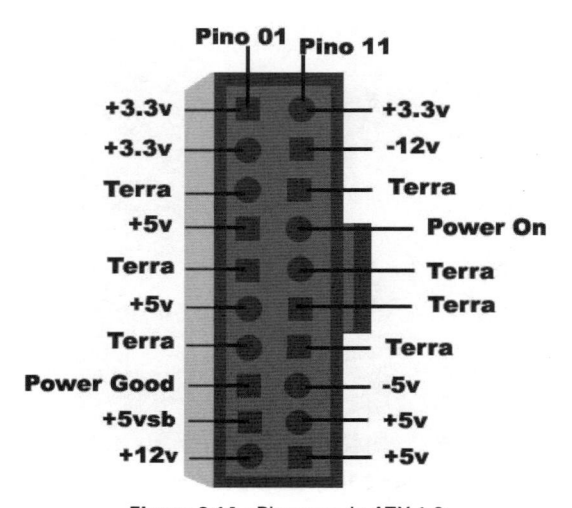

Pino 01   Pino 11

+3.3v	+3.3v
+3.3v	-12v
Terra	Terra
+5v	Power On
Terra	Terra
+5v	Terra
Terra	Terra
Power Good	-5v
+5vsb	+5v
+12v	+5v

Figura 2.14.: Pinagem do ATX 1.0.

Fontes

A instalação é muito simples: observe, atentamente, a trava de segurança do conector de alimentação. Ela deve coincidir (ficar do mesmo lado) com um pequeno ressalto no conector que está na placa-mãe:

Figura 2.15.: Trava de segurança.

Basta alinhar, corretamente, o conector proveniente da fonte com o conector na placa-mãe. Faça uma pequena pressão para baixo, e o encaixe será feito:

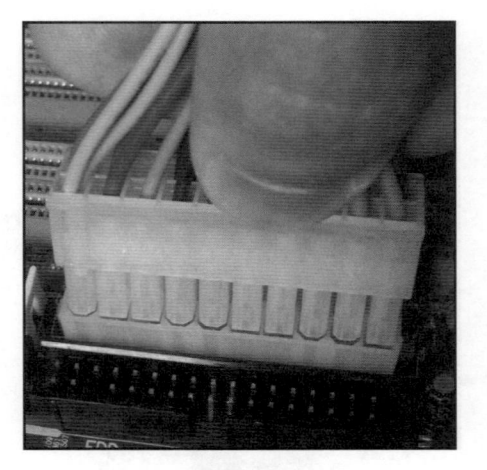

Figura 2.16.: Alinhe o conector.

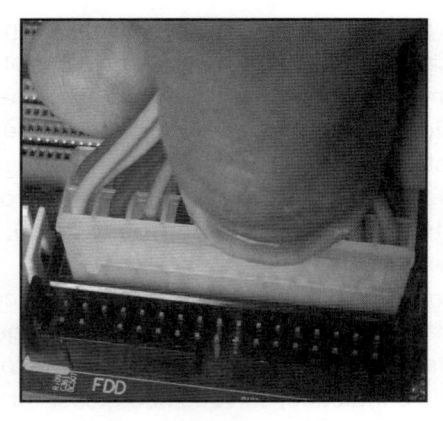

Figura 2.17.: Faça uma pequena pressão para baixo.

Caso sinta uma certa resistência ao encaixar, verifique se o conector está corretamente alinhado. Além disso, verifique se ele está invertido. Basta observar a trava de segurança, ou, simplesmente, tentar instalá-lo em outra posição. Se o encaixe ocorrer sem demasiada força, está tudo OK. A força necessária é pequena, apenas para permitir o encaixe, de forma que a trave de segurança prenda-o.

É muito comum a dúvida sobre se é possível instalar uma fonte ATX 1.0 em um conector de uma placa-mãe que possui 24 pinos (ou seja, a placa-mãe foi construída para usar fonte ATX 2.0). Isso é possível sim. Basta deixar "sobrando" os quatros pinos do conector que está na placa-mãe:

Figura 2.18.: Fonte ATX 1.0 (conector de 20 pinos) instalada em uma placa-mãe com conector de 24 pinos.

Fontes

No entanto, é preciso tomar cuidado com o seguinte: as fontes ATX 2.0 são indicadas para serem usadas em computadores de médio ou alto desempenho, pois elas surgiram exatamente para prover energia extra exigida por essas configurações. Se sua placa-mãe possui um conector de 24 pinos, mas a configuração é de "baixo" para "médio" desempenho (515 ou 1GB de RAM, processador *single core* de 1,2GHz, HD de 80GB, vídeo on-board etc.), uma fonte ATX 1.0 poderá cair bem.

Agora, se a configuração for mais avançada (algo como um processador *dual core*, placa de vídeo PCI Express de última geração, HD SATA com farta capacidade de armazenamento etc.), uma fonte ATX 2.0 será a melhor escolha (é o indicado, se você não quiser ter problemas).

Então, analise minuciosamente a questão. Reaproveitar uma fonte ATX 1.0 em um computador de configuração avançada é um forte indício de problemas. Use uma ATX 2.0 e instale todos os conectores extras (ATX12V e o auxiliar de seis fios).

ATX 2.0/conector de alimentação da placa-mãe |||||||

Como já foi dito, o ATX 2.0 é o tipo de fonte ideal para computadores de médio ou alto desempenho. A forma de instalação é a demonstrada no tópico anterior, por isso, não é necessário repetir os procedimentos aqui.

O conector ATX 2.0 possui 24 pinos. Veja a pinagem na **Figura 2.20**. Observe que ela possui quatros pinos a mais: +12V, +3,3V, +5V e terra:

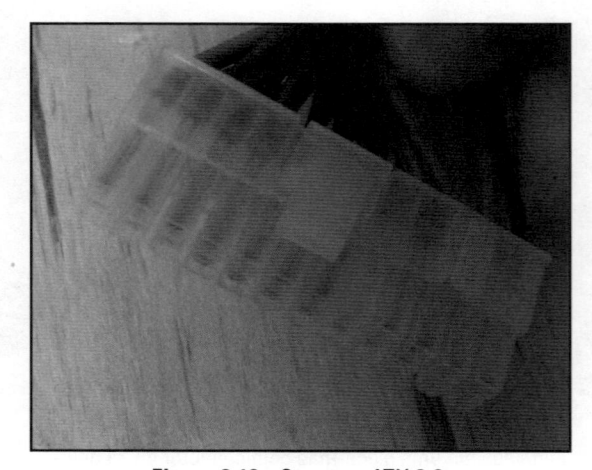

Figura 2.19.: Conector ATX 2.0.

ATX 2.0

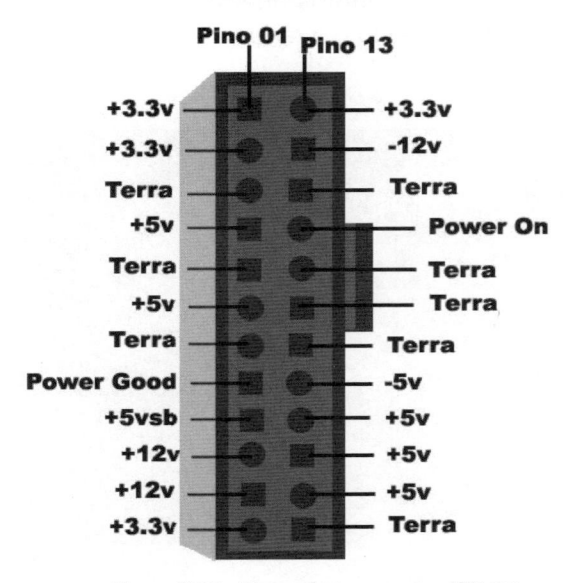

```
Pino 01  Pino 13
+3.3v  ——  +3.3v
+3.3v  ——  -12v
Terra  ——  Terra
+5v    ——  Power On
Terra  ——  Terra
+5v    ——  Terra
Terra  ——  Terra
Power Good —— -5v
+5vsb  ——  +5v
+12v   ——  +5v
+12v   ——  +5v
+3.3v  ——  Terra
```

Figura 2.20.: Pinagem do conector ATX 2.0.

Um detalhe técnico importante: é possível instalar uma fonte ATX 2.0 (24 pinos) em uma placa-mãe que contém um conector de 20 pinos? Sim. Basta deixar os últimos quatros pinos do conector proveniente da fonte "sobrando":

Figura 2.21.: Fonte ATX 2.0 instalada em placa-mãe que contém um conector de 20 pinos.

Pensando nesse tipo de instalação, é comum encontrar, inclusive, algumas fontes que possuem os quatro últimos pinos removíveis.

Dessa forma, basta removê-los e instalar a fonte normalmente. Mas, se sua fonte não possui os últimos quatro pinos removíveis, pode instalá-la assim mesmo: basta deixar os últimos quatro "sobrando", como já foi dito:

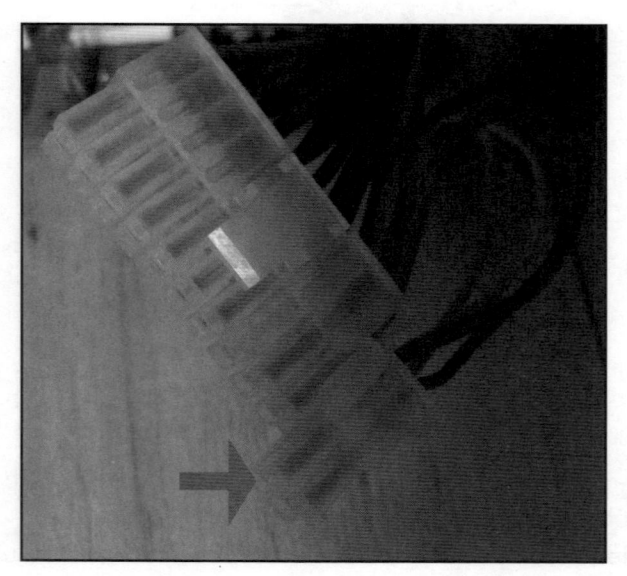

Figura 2.22.: Fonte ATX 2.0 com os quatro últimos pinos removíveis.

Fontes BTX

Apesar do foco deste livro não ser o *form factor* BTX, é interessante abrir um parêntese para diferenciar uma fonte BTX de uma ATX 2.0.

Tanto a fonte BTX quanto a ATX 2.0 possui conector de alimentação da placa-mãe de 24 pinos. Isso pode causar certa confusão, pois se trataria da mesma fonte? Seria o mesmo padrão de pinagem? Será que posso instalar uma fonte BTX em uma placa-mãe ATX?

Saiba que fontes BTXs foram feitas para placas-mãe BTX, e não ATX. Existem diferenças na pinagem. Observe a figura seguinte:

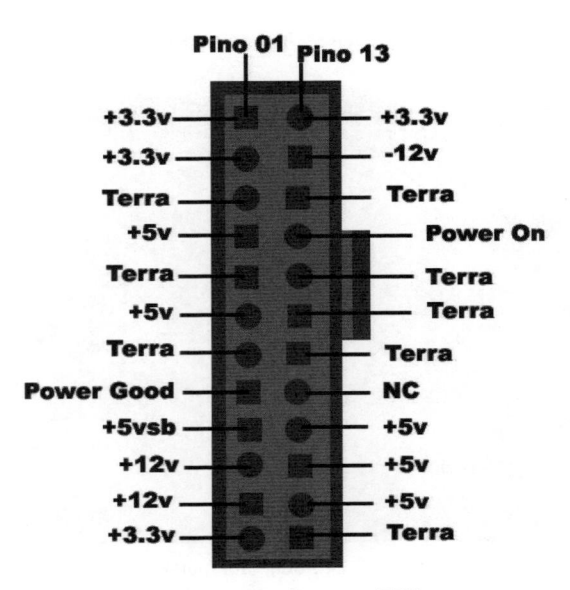

```
         Pino 01  Pino 13
    +3.3v ─┤█ ▐─ +3.3v
    +3.3v ─┤● ▐─ -12v
     Terra ─┤● ▐─ Terra
      +5v ─┤█ ●─ Power On
     Terra ─┤█ ●─ Terra
      +5v ─┤● ▐─ Terra
     Terra ─┤● ▐─ Terra
Power Good ─┤█ ●─ NC
    +5vsb ─┤█ ●─ +5v
     +12v ─┤● ▐─ +5v
     +12v ─┤█ ●─ +5v
    +3.3v ─┤● ▐─ Terra
```

Figura 2.23.: Conector BTX.

Por isso, use fontes BTX em computadores BTX, e fontes ATX em computadores ATX.

Conectores

Até o momento, abordamos o conector de alimentação das placas-mãe ATX 1.0 e 2.0, e até o da BTX. Nos tópicos seguintes, veremos os demais conectores, que são os conectores extras, e os conectores usados para alimentar os dispositivos, tais como HDs, *drives* ópticos e de disquetes.

Você pode acompanhar cada tópico na prática, identificando os conectores disponíveis em sua fonte.

Molex |||||||||||||||||||||||||||||||||||||||||||||||||||||||

Esse é um dos maiores conectores usados para alimentar dispositivos. É muito usado para alimentar HDs e *drives* ópticos IDE e dispositivos SATA (em alguns casos). Possui quatro pinos, que fornecem +12V, +5V e terra:

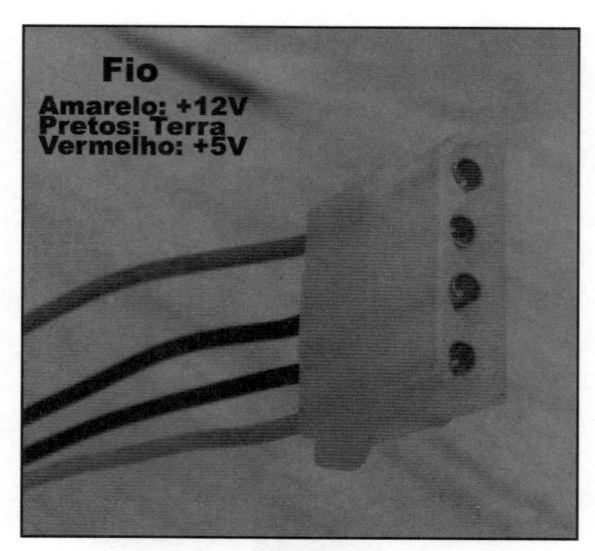

Figura 2.24.: Conector molex.

Possui formato especial, que nos ajuda a impedir uma instalação errônea no dispositivo a ser alimentado eletricamente. O dispositivo a ser alimentado, por sua vez, possui um conector correspondente, no qual é encaixado o conector molex, que só pode ser conectado em uma posição.

Mas, muita atenção: se for feita demasiada força, pode acontecer do encaixe ser feito com o conector posicionado em posição invertida. Se o computador for ligado com o dispositivo dessa forma, ele fatalmente queimará.

Figura 2.25.: Conector de alimentação em um dispositivo (IDE).

Pra instalá-lo, basta verificar seu formato, que deve coincidir com o conector no dispositivo. Faça uma pequena força para que o encaixe seja feito. Se sentir resistência, cuidado: verifique se ele está na posição correta, e tente novamente.

Para facilitar, alguns dispositivos trazem a ordem da pinagem, identificando cada fio. Isso é feito, geralmente, verificando a voltagem dos fios:

Figura 2.26.: Descrição da pinagem do conector de alimentação em um dispositivo (IDE).

Anteriormente, dissemos que o conector molex também pode ser usado para alimentar dispositivos SATA. Porém, os dispositivos SATA não possuem conector próprio? Sim, eles possuem, mas em fontes ATX 2.0, fabricadas antes da entrada definitiva do SATA no mercado, não há conector SATA. Quando isso ocorre, usamos um adaptador molex para SATA. Veja a figura a seguir:

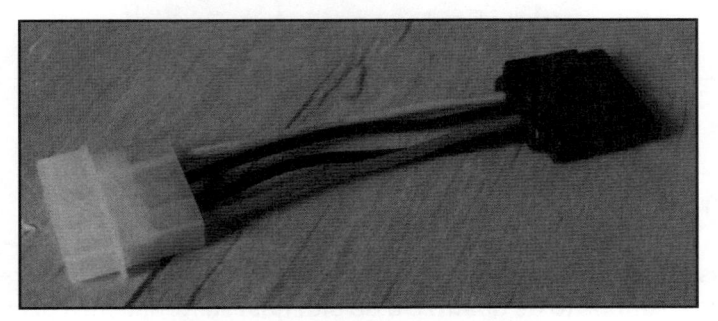

Figura 2.27.: Conector molex para SATA.

Fontes

Berg

Esse é o conector usado para alimentar os drives de disquetes de 3½. É um conector pequeno de quatro fios:

Figura 2.28.: Conector *Berg*.

Possui uma guia de encaixe que permite a instalação em apenas uma posição. Porém, sempre verifique se ele está sendo encaixado na posição correta. Se invertê-lo, queimará o *drive* de disquetes:

Figura 2.29.: Conector de alimentação no *drive* de disquetes.

ATX12V

Esse é o auxiliar de quatros fios. Possui, também, uma versão de oito fios. Ambos (o de quatro e o de oito fios) só fornecem à placa-mãe tensões de 12V e terra. O mais comum é o auxiliar de quatro fios.

O conector ATX12 tem a função de fornecer energia elétrica extra à placa-mãe. Essa energia extra é usada por processadores de alto desempenho:

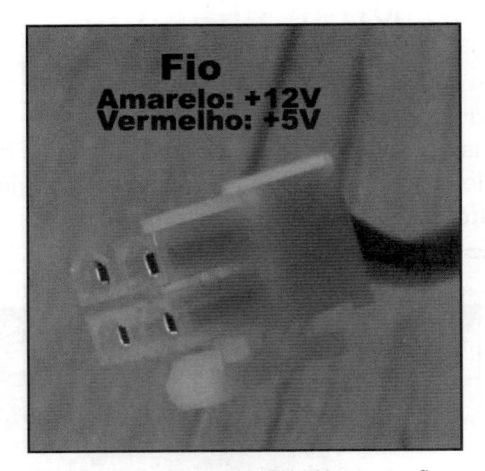

Figura 2.30.: Conector ATX12V – quatro fios.

Na placa-mãe, haverá um conector apropriado, no qual o ATX12V deve ser conectado. Ele pode ser identificado (mediante serigrafia, na própria placa-mãe) por ATX12V (ou algo tipo ATX12V1), ou outra nomenclatura. Verifique o manual da placa-mãe:

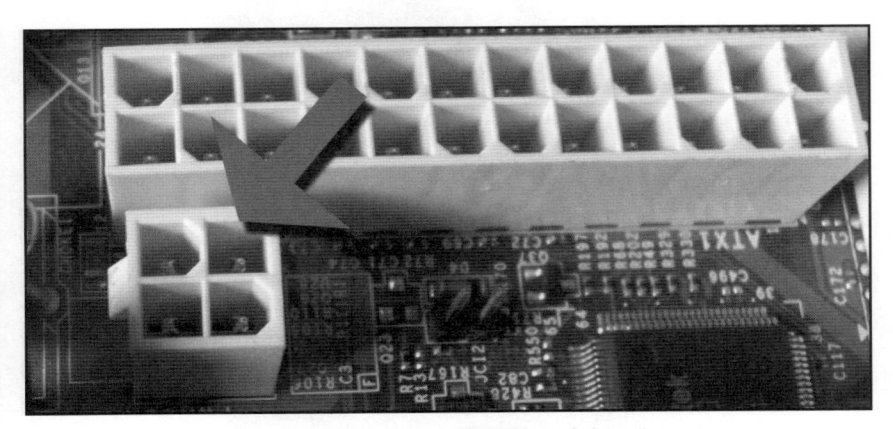

Figura 2.31.: Conector ATX12V na placa-mãe.

Se sua fonte, por acaso, não possuir o ATX12V, mas a placa-mãe tiver esse conector, posso utilizar a fonte? Sim, basta deixar o conector ATX12V na placa-mãe vazio. Porém, lembre-se: se você usar um processador de alto desempenho, o ideal é utilizar uma fonte ATX2.0, e ligar corretamente o conector ATX12V.

Auxiliar de seis fios

O auxiliar de seis fios é um conector que fornece energia extra às placas aceleradoras gráficas de alto desempenho.

Fontes atuais podem conter um conector auxiliar de seis fios chamado PCI-E. Ele também serve para fornecer energia extra a placas de vídeo de alto desempenho, e permite o uso de duas placas de vídeo em modo SLI ou *crossfire*:

Figura 2.32.: Conector PCI-E.

Como instalar fontes que não possuem microventilador traseiro

Como já mencionamos neste capítulo, existem modelos de fontes que não possuem o tradicional ventilador (ventoinha) traseiro.

Esse microventilador traseiro, quando presente, trabalha "soprando" o ar aquecido para fora do gabinete. É como se ele funcionasse como um pequeno "exaustor", que puxa o ar aquecido de dentro da fonte, e joga-o para fora. Isso ajuda a evitar que a fonte se aqueça demais, o que poderia aquecer todo o interior do gabinete.

Porém, e quando a fonte não possui esse microventilador? Ao invés dele, ela possui um microventilador em um de seus lados maiores:

Figura 2.33.: Microventilador.

Esse lado da fonte é a parte inferior. Isso quer dizer que, ao instalar a fonte, ele deve ficar voltado para baixo. Consulte o manual de sua fonte. Se você fizer do jeito errado, a fonte irá "soprar" ar quente para dentro. Por isso, é imprescindível instalar um microventilador de chassi na parte mais alta do gabinete, "soprando" ar para fora. Procedendo dessa forma, o ar quente que sai da fonte será imediatamente expulso para fora:

Figura 2.34.: Parte interna de um gabinete – microventilador (ventoinha) de chassi.

Fontes

Capítulo 3

Funcionamento físico e lógico de discos rígidos

> **Finalidade:** entender como os HDs funcionam, como eles se conectam a placa-mãe, como é possível ler, gravar e apagar dados em um disco rígido. Conhecer os principais componentes de um disco rígido, seu desempenho e sua instalação.

Introdução

O disco rígido é o componente mais importante de um computador, do ponto de vista dos usuários.

A mídia costuma enfatizar que o componente mais importante, o principal, em um computador, é o processador. De fato, ele é, porém, sob a ótica da eletrônica. O processador é o responsável por realizar todo o processamento. Graças a ele, podemos usar nossos programas, acessar dados e usufruir de todo o hardware.

Porém, analisando do ponto de vista do usuário, nada é mais vital que o disco rígido. Se um processador queimar, basta trocá-lo por um novo. O usuário conseguirá acessar a todos os seus dados normalmente. Agora, e se o disco rígido queimar? Tudo se perde! Nenhum dado pode ser recuperado. Eis a sua importância.

O disco rígido pode ser chamado por outros nomes. Um dos primeiros nomes comuns é *winchester*. Porém, essa denominação saiu totalmente de uso; hoje não é mais adotada. Ele pode ser chamado, também, de HD (*Hard Disk*) ou HDD (*Hard Disk Drive*), sendo o primeiro (HD) o mais comum no meio técnico.

Atualmente, o padrão de disco rígido é o SATA, que utiliza comunicação serial, e possui taxas de transferência maiores que o padrão IDE (comunicação paralela), mais antigo. O padrão IDE reinou durante muitos anos. No entanto, a cada dia que passa ele perde terreno para o padrão SATA, construído para substituí-lo.

O padrão SATA utiliza conectores de alimentação e de dados diferentes do padrão IDE. A instalação é muito fácil, não necessita de jumpeamentos para diferenciar dispositivos *masters* de *slaves*.

Neste capítulo, abordamos um pouco de teoria a respeito do funcionamento dos HDs (uma teoria geral, que explica a forma de gravação de dados magnéticas em HDs). Na sequência, estudamos temas mais práticos, como análise da estrutura física, conectores, forma de instalação etc.

Apesar do padrão IDE ser abandonado a cada dia que passa, falaremos dele também. Afinal, muitos usuários ainda o utilizam. Obviamente, também manteremos o foco no SATA.

Componentes físicos

O disco rígido é composto por diversos componentes, cada qual com uma finalidade no conjunto.

Cada componente é importante para se ter um disco rígido de qualidade. Os discos nos quais são gravadas as informações ficam dentro de uma caixa metálica selada hermeticamente. Essa caixa não pode ser aberta, pois os discos giram em alta velocidade; uma simples partícula de poeira, ao entrar em contato com a superfície de gravação, seria como uma "bomba", podendo danificar a área e ocasionar perdas de dados.

Outro fator que pode afetar negativamente o desempenho do disco rígido é a umidade. A maioria dos fabricantes tem essa preocupação e acrescenta, à caixa do disco rígido, pequenos saquinhos de sílica em gel. Se você tiver algum disco rígido queimado, não perca tempo e abra-o; com certeza os saquinhos de sílica em gel estarão lá.

Atenção: abrir um disco rígido significa, na maioria das vezes (algo em torno de 99%), danificá-lo permanentemente. Não abra um disco rígido que esteja funcionando. Algumas empresas que recuperam discos rígidos contam com laboratórios especiais, preparados para abri-los.

Dentro da caixa do disco rígido, teremos, ainda, discos magnéticos, cabeças de leitura (conhecidas também por cabeçote), braços de sustentação das cabeças, atuador, eixo e o motor dos discos.

Observe na figura seguinte esses componentes. O motor fica embaixo dos discos, por isso a visualização não é possível:

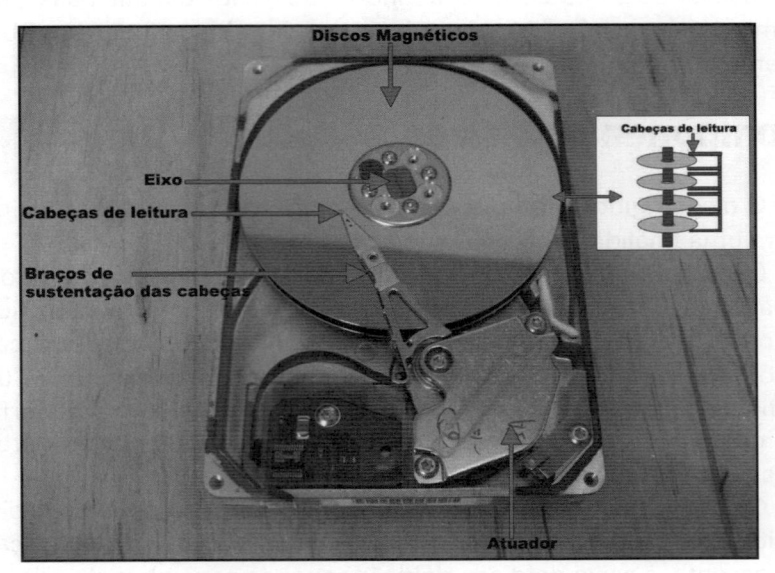

Figura 3.1.: Parte interior de um disco rígido.

Os discos são o local em que são gravados os dados. Eles ficam montados sobre um eixo instalado em um motor responsável pela rotação:

Figura 3.2.: Um disco magnético de um HD.

Guia Técnico de Montagem e Manutenção de Computadores

O disco, em geral, é composto por duas camadas: a primeira é chamada de substrato; ela é feita de material metálico, geralmente ligas de alumínio. A segunda é feita de material magnético, como óxido de ferro, e outros.

Quanto mais fina a camada magnética, melhor. Cada lado do disco pode ser chamado de face. Assim, cada disco tem duas faces: a de cima e a de baixo. Em um disco rígido, podemos ter um ou mais discos.

Os dados são lidos nessa superfície por meio das cabeças de leitura eletromagnéticas, que ficam presas na ponta de um braço de sustentação, o qual tem os movimentos coordenados pelo atuador. O sentido de movimentação das cabeças é do meio até a borda dos discos, enquanto estes giram.

Cada face do disco terá uma cabeça de leitura independente, assim, se um disco rígido tem quatro discos, ele terá, então, oito faces e oito cabeças de leitura.

Como são feitas a gravação e a leitura magnética

Os discos magnéticos giram a velocidades elevadas, em torno de 7.200 rpm (rotação por minuto), enquanto um conjunto de cabeças de leitura e gravação flutuam sobre uma camada de ar:

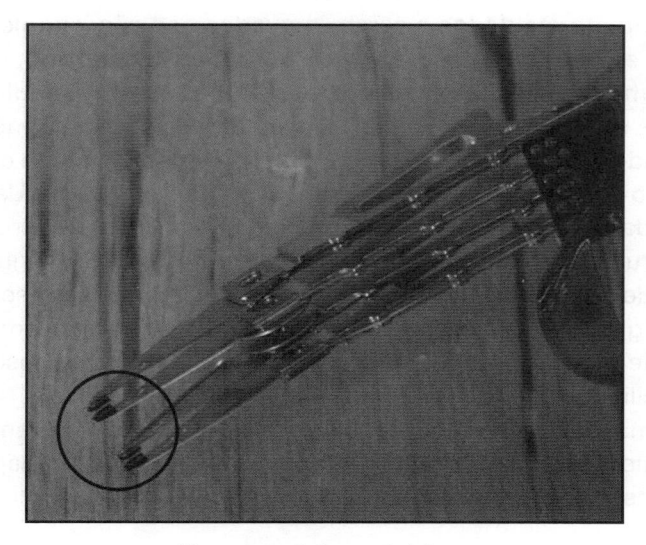

Figura 3.3.: Cabeças de leitura.

Olhando de perto, temos a impressão de que as cabeças estariam encostando na superfície magnética, mas, graças à velocidade do disco, é criada uma fina camada de ar com uma largura inferior à de um fio de cabelo humano.

Os discos rígidos, quando desligados, deixam os cabeçotes levemente repousados sobre um cilindro específico e apropriado.

A cabeça de leitura e gravação é extremamente pequena e precisa. Ela funciona como um eletroímã capaz de gravar em trilhas que medem menos de um centésimo de milímetro.

Durante o processo de gravação, é feita uma organização nas moléculas de óxido de ferro na superfície, fazendo com que os polos negativos das moléculas fiquem alinhados aos polos positivos da cabeça, e vice-versa (lembre-se de que polos diferentes se atraem, polos iguais se repelem).

Como a cabeça de leitura é um eletroímã, sua polaridade é mudada, constantemente, milhares de vezes por segundo, enquanto os discos giram. A consequência disso é que teremos, na superfície do disco, sequências de várias moléculas, que serão interpretadas como bits (0 ou 1).

Durante o processo de leitura, a cabeça capta os campos magnéticos gerados pelas moléculas, e envia para a placa lógica do disco rígido. Como haverá uma variação nos sinais magnéticos positivos e negativos, é gerada uma pequena corrente elétrica, que, por sua vez, será interpretada como bit 0 ou bit 1.

No entanto, os dados a serem gravados não são, simplesmente, jogados em qualquer área do disco rígido; caso contrário, não conseguiríamos acessá-los mais tarde, sem contar que simplesmente teríamos um caso grave de desperdício de superfície magnética.

Quando queremos visitar um parente, é preciso saber em qual cidade, bairro e rua ele mora. De forma análoga aos endereços das casas, para os dados serem posteriormente guardados, devemos criar, antes, uma estrutura, um "mapeamento" na superfície do disco, seguindo um critério de organização. Para que as informações possam ser encontradas a qualquer momento, é feita uma espécie de "mapeamento" na superfície dos discos, dividindo-o em trilhas, setores e, consequentemente, cilindros.

A soma desses fatores nos dá a capacidade de armazenamento do disco rígido. Veremos tudo isso no tópico seguinte. Esse "mapeamento" é conseguido em um processo chamado formatação.

Geometria do disco rígido

A geometria do disco rígido trata das propriedades e medidas de três parâmetros: número de cabeças, cilindros e setores. A soma desses três nos dará o tamanho do disco rígido, mas, antes, vamos conhecer cada um individualmente.

Trilha

As trilhas são círculos concêntricos (que têm o mesmo centro), próximas umas da outra. Esses círculos não são em forma de espiral, como nos velhos disco de vinil. Um disco pode ter milhares de trilhas.

Observe, na figura a seguir, um esquema simplificado das trilhas na superfície de um disco:

Figura 3.4.: Trilhas.

Para um dado ser lido, a cabeça de leitura é posicionada sobre a trilha, e, graças ao fato dos discos estarem constantemente girando, a cabeça de leitura passa sobre o setor no qual se encontra o dado, sendo feita, assim, a leitura:

Setor

Uma trilha é dividida em várias partes menores, que chamamos de setor. Cada setor possui 512 bytes. A quantidade de setores que uma trilha comporta varia de disco para disco.

Existe um espaço vazio chamado *gap*, que separa um setor do outro:

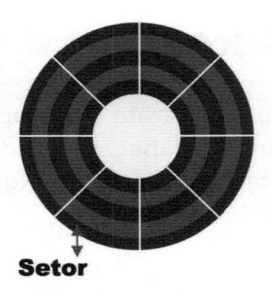

Figura 3.5.: Trilhas e setores do disco.

Cilindros

Um disco rígido é composto por vários discos, os quais têm duas faces cada um, conforme explicado anteriormente. Cada face é composta por várias trilhas e setores. Todas as trilhas são enumeradas.

Agora, o que acontece se pegarmos isoladamente todas as trilhas que têm a mesma enumeração, de todas as faces? Por exemplo, todas as trilhas de número 2 de todos os discos e de todas as faces. Nesse caso, teremos um cilindro.

É fácil entender o que é cilindro observando a **Figura 3.6**. Um disco rígido é composto por vários cilindros. Para formarmos um cilindro, é necessário que as trilhas sejam paralelas. Apenas um disco já forma um cilindro, uma vez que ele tem duas faces:

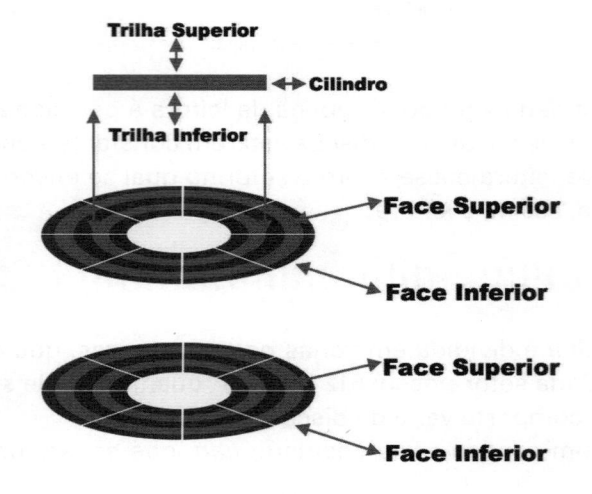

Figura 3.6.: Cilindro.

Capacidade do disco rígido

A capacidade de armazenamento de um disco rígido é encontrada por meio da multiplicação de três fatores: cilindros, cabeças e setores. O resultado é multiplicado, ainda, por 512, referente à capacidade que cada setor do disco comporta.

Essas informações são encontradas no próprio disco rígido, escritos, na maioria absoluta das vezes, em inglês. Dessa forma, teremos:
- *Cylinder* ou CYL: cilindro;
- *Head* ou HD: cabeças;
- *Sector* ou SEC: setores.

O cálculo da capacidade é feito da seguinte forma: Cilindros X Cabeças X Setores X 512 = Capacidade de armazenamento.

Vamos a um exemplo. Um disco rígido Conner CT204 de 4.3GB possui as seguintes inscrições:
- CYL: 8.331;
- HD: 16;
- SEC: 63.

Multiplicando os fatores dados, temos: 8.331 X 16 X 63 = 8.397.648; 8.397.648 X 512 = 4.299.595.776 bytes, ou 4.3GB (observe que foi feito um arredondamento, de 4.299 para 4.3).

Vale ressaltar que o número de cabeças é igual ao número de faces, então, tanto faz dizer que estamos multiplicando pelo número de cabeças, ou pelo número de faces.

Modo de translação

Você observou que o disco rígido Conner, citado antes, tem 16 cabeças? Parece normal, pois, de fato, existem discos rígidos que contêm oito discos internos, a não ser pelo fato de o disco rígido citado ter apenas um disco interno.

O que aconteceu com o disco rígido Conner é que foi aplicado um valor irreal na geometria lógica para definir a geometria física. Esse tipo de técnica chama-se modo de translação.

Formatação física e lógica

Há dois tipos de formatação: a física e a lógica. A formatação física envolve a criação de trilhas e setores com marcas de endereçamento.

Em discos rígidos IDE ou SATA, a formatação é feita apenas na fábrica. Nós não formatamos (e nem podemos formatar) discos IDE ou SATA fisicamente, caso contrário, danificaremos o disco rígido. Esse tipo de formatação é feita somente uma vez.

A formatação lógica é conseguida, por exemplo, por meio do comando `format` (arquivo *format.com*) no prompt de comando, ou no próprio Windows. Trata-se de preparar o disco para os padrões do sistema operacional, fazendo com que seja reconhecido.

Durante essa formatação, é feita a gravação do setor de boot (trilha MBR), e a gravação da FAT (tabela de alocação de arquivos). A formatação física é feita somente uma vez; a lógica pode ser feita quantas vezes forem necessárias, pois ela não altera a estrutura física do disco.

A todo esse processo de preparar os discos para os padrões do sistema operacional damos o nome de sistemas de arquivos, onde citamos:
- FAT 16: utilizado pelo MS-DOS e Windows 95; é compatível com os Windows 98 e NT;
- FAT 32: utilizado pelo Windows 95 OSR/2, Windows 98, Windows 2000, ME e XP;
- NTFS: Windows NT, Windows XP, Windows 2000, Vista etc.

Estacionamento das cabeças

Legal, já conhecemos os componentes físicos do disco rígido, como eles interagem, e como funcionam o processo de gravação e a leitura magnética. Também estudamos a geometria, o cálculo da capacidade de armazenamento e, para completar, os processos de formatação.

Há uma situação, porém, na qual devemos pensar: o disco rígido, apesar de ser lacrado, é frágil, e pequenos impactos podem acarretar em vibrações, movimentações, nas cabeças de leitura.

Por se tratar de superfície magnética, e por termos dados ali gravados, o que aconteceria se, com o micro desligado, as cabeças se movimentassem (devido a choques mecânicos) e tocassem a superfície? Poderíamos perder ou danificar dados, ou o próprio disco. E, quando desligamos o PC, o disco rígido vai parar; e as cabeças mais uma vez estarão lá, bem em cima da superfície.

Os primeiros discos rígidos tinham exatamente esse problema. Como solução, foi desenvolvido um programa chamado PARK (park.com) que estacionava as cabeças em um cilindro próprio (geralmente não usado) sempre que o micro fosse desligado. Os discos rígidos atuais não precisam usar esse programa, pois o estacionamento é feito automaticamente.

> **Saiba mais**: em um dos lados do atuador, existe um pequeno imã com a função de "prender" os braços de sustentação em um local específico, no caso, quando é realizado o estacionamento das cabeças. A função é proteger a superfície magnética, evitando que, mesmo as cabeças estando estacionadas, elas venham a se mover para outra área.

Setor por trilha: método ZBR

Cada face do disco por ser dividida em trilhas, e cada trilha, em setores; nada mais lógico, assim, que as trilhas externas contenham mais setores que as trilhas internas. Afinal, a circunferência que a externa forma é maior do que a interna, certo? Errado! É isso mesmo! Discos rígidos mais antigos tinham um grande problema: todas as trilhas tinham o mesmo número de setores (discos mais antigos possuíam 17 setores por trilha). Não importava o tamanho da circunferência da trilha: o número de setores era igual. Uma grande perda de superfície magnética.

A solução para isso foi a implantação de um método chamado ZBR (*Zone Bit Recording*) que permite dividir as trilhas externas com um número maior de setores, as trilhas internas.

Componentes físicos externos do disco rígido (IDE e SATA)

Poderíamos dizer que, externamente, o disco rígido tem apenas a placa controladora. Porém, temos ainda a "caixa" na qual se encontram os discos em si.

Na própria placa controladora, temos ainda o conector de alimentação e o conector para o cabo de dados. Outro elemento que não podemos deixar de citar são os *jumpers*, muito usados em discos rígidos IDE.

Assim como os componentes internos, os externos têm sua importância e função, por isso, é importante conhecê-los e saber o que cada um faz:

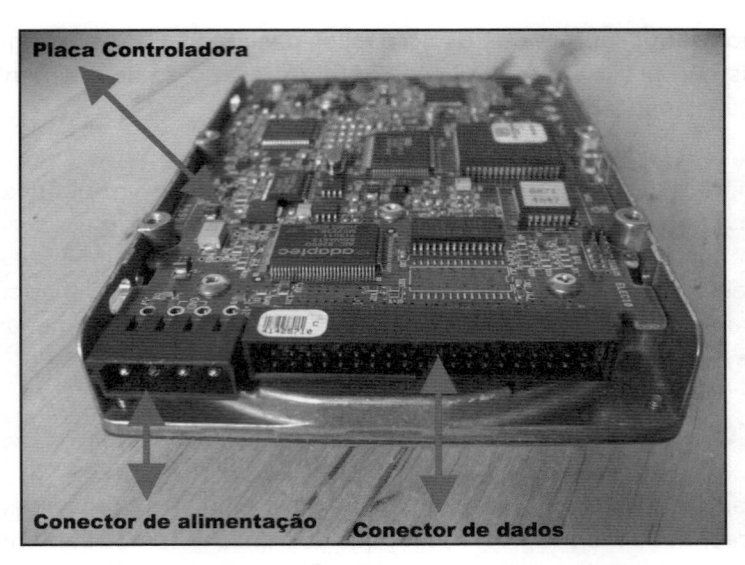

Figura 3.7.: Componentes físicos externos de um HD IDE.

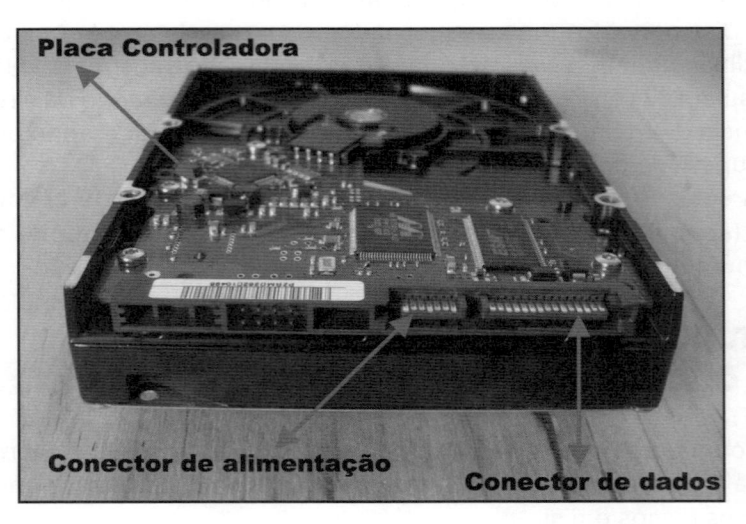

Figura 3.8.: Componentes físicos externos de um HD SATA.

Placa controladora

Em discos rígidos antigos, não tínhamos placa controladora, como conhecemos hoje. Tratava-se de uma placa separada, instalada em um *slot* ISA, e conectada ao disco rígido mediante dois cabos lógicos (cabo de dados). Graças ao surgimento dos discos rígido IDE, essa placa passou a ser parte integrante do próprio disco rígido.

Ela tem a função de controlar os acessos internos (velocidade de rotação, movimentação das cabeças de leitura e gravação) nos processos de leitura, gravação e envio e recebimento de dados por meio da porta IDE. Os sinais magnéticos captados na superfície dos discos são interpretados como bits e enviados ao processador.

Conector de alimentação (IDE e SATA) |||||||||||||||||||

Os conectores de alimentação elétrica IDE e SATA são diferentes um do outro. No padrão IDE, é utilizado um conector molex de quatro pinos, já abordado no **Capítulo 2** (qualquer dúvida, consulte-o novamente).

Já no padrão SATA, utilizamos um conector próprio para dispositivos SATA, que possui quatro fios: um amarelo (+12V), um vermelho (+5V) e dois pretos (terra). Alguns cabos podem conter um quinto fio, o laranja (+3,3V):

Figura 3.9.: Conector de alimentação de dispositivos SATA.

Apesar de o conector (SATA) de alimentação, proveniente da fonte, possuir apenas quatro ou cinco fios, internamente ele possui 15 pinos. Essa pinagem é a seguinte:
- Pinos 1, 2 e 3: +3,3V;
- Pinos 4, 5 e 6: COM;
- Pinos 7, 8 e 9: +5V;
- Pinos 10, 11 e 12: COM;
- Pinos 13, 14 e 15: +12V.

Vale lembrar que alguns discos rígidos SATA não possuem o fio amarelo (e, portanto, não terão a tensão de 3,3V). Por outro lado, no HD SATA, o conector de alimentação possui 15 contatos correspondentes. Veja-o na figura seguinte:

Figura 3.10.: Conector de alimentação do HD SATA.

A instalação de ambos os conectores (padrão IDE ou SATA) é bem simples, uma vez que eles só se encaixam em uma única posição. Em relação ao conector IDE, tome bastante cuidado: se for feita demasiada força, o encaixe de forma errada pode ser feito. Por isso, ao sentir resistência, verifique se o conector está invertido.

Conector de dados (IDE e SATA) ||||||||||||||||||||||||||

No tópico anterior, estudamos os conectores de alimentação elétrica IDE e SATA. Veremos, agora, os conectores lógicos, ou seja, os conectores de dados, tanto no padrão IDE quanto no padrão SATA.

Os discos rígidos IDE utilizam um cabo *flat* de 80 vias. Existe um cabo *flat* de 40 vias que deve ser usado somente em discos rígidos inferiores ao modo ATA 66. Ou seja, qualquer disco rígido atual deve usar o cabo de 80 vias (HDs ATA 66, AT 100 e ATA 133):

Figura 3.11.: Conector de dados.

O cabo *flat* IDE deve ser instalado no conector do disco rígido, respeitando a regra do pino 1: o pino 1 do cabo *flat* deve "casar" com o pino 1 do conector.

Para facilitar o trabalho dos técnicos, em HDs IDE o pino 1 fica sempre voltado para o lado do conector de alimentação:

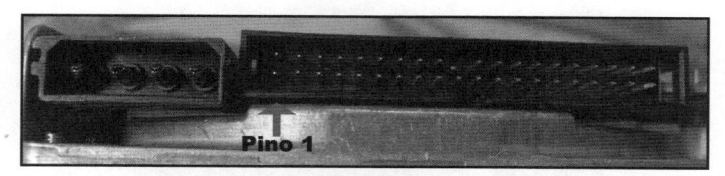

Figura 3.12.: Pino 1 fica voltado para o lado do conector de alimentação.

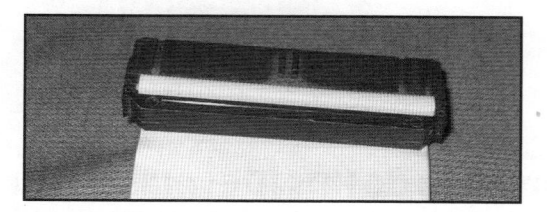

Figura 3.13.: Detalhe do conector de um cabo *flat* IDE de 80 vias.

Para facilitar ainda mais, cabos *flats* e HDs IDEs atuais possuem uma guia de encaixe (no cabo *flat* e no conector do HD), o que permite a instalação em somente uma posição.

Já os conectores de dados dos discos rígidos SATA utilizam um cabo próprio, formado por dois fios condutores, dois receptores e três terras. Ele se encaixa em somente uma posição no conector:

Figura 3.14.: Conector de dados em um HD SATA.

Funcionamento físico e lógico de discos rígidos

Os cabos lógicos de dispositivos SATA permitem a instalação de somente um dispositivo, ao contrário dos IDEs, que permitem dois (cada cabo). O jumpeamento como *master* ou *slave*, necessário no padrão IDE, simplesmente não existe em HDs SATA:

Figura 3.15.: Detalhe de um cabo SATA.

Jumpeamento de HDs IDE: *master* ou *slave*, ou como instalar um ou mais HDs

Como em um cabo *flat* IDE é possível instalar até dois dispositivos, existe uma regra que deve ser respeitada: em cada cabo, devemos "nomear" um dispositivo como *master* (mestre), e outro como *slave* (escravo). Se existir apenas um dispositivo no cabo, ele deve ser *master*.

Essa "nomeação" dá-se mediante *jumpers* existentes no próprio HD. As informações necessárias para jumpear como *master* ou *slave* encontram-se no próprio disco rígido. Pode ser uma tabela, ou um diagrama (desenhos mostrando como fazer). Como exemplo, usamos o disco rígido Maxtor modelo 7270AV. Ele possui a tabela a seguir:

Jumper	Master	Slave
J20	On	Off

Tabela 3.1.: Tabela de jumpeamento do HD Maxtor 7270AV.

Nesse exemplo específico, "para nomear" o HD como *master*, basta deixar o *jumper* nos pinos J20. Para *slave*, basta deixar sem os *jumpers*. Porém, isso não é regra: consulte as informações impressas no seu próprio disco rígido.

Instalar um disco rígido é fácil. Agora, e instalar dois, três ou quatro? Como faço? Vamos por partes. A primeira coisa a fazer é analisar os conectores IDE na placa-mãe. Haverá até dois conectores IDE (apesar de que, atualmente, muitas placas-mãe possuem somente um, devido ao grande uso do padrão SATA), devidamente identificados por *IDE Primary* (ou IDE 1) e *IDE Secondary* (IDE 2). O *IDE Primary* costuma ter uma cor diferente (vermelha ou azul, por exemplo):

Figura 3.16.: Conectores IDE na placa-mãe.

Para facilitar, vamos adotar somente a nomenclatura IDE 1 e IDE 2. Em cada um desses conectores podemos instalar, pelo cabo *flat* de 80 vias, até dois dispositivos (dois HDs, por exemplo).

Instale o primeiro HD (aquele que possui o sistema operacional instalado) no conector IDE 1, como *master*. Se você desejar instalar um segundo HD nesse mesmo cabo, ele deve ser jumpeado como *slave*.

Para instalar um terceiro HD, utilizaremos um conector IDE disponível, o IDE 2. Ele deve ser jumpeado como *master*. Por fim, se desejar instalar um quarto, ele deve ser jumpeado como *slave*.

Para não perder muito em desempenho, o HD *master* de cada conector IDE da placa-mãe deve ser aquele que possuir maior capacidade de armazenamento.

Como instalar um ou mais HDs SATA

Instalar discos rígidos do padrão SATA é ainda mais fácil. Inicialmente, saiba que não existe a necessidade de fazer jumpeamentos como *master* ou *slave*. Esse tipo de *jumper* sequer existe no padrão SATA.

Cada cabo SATA comporta apenas um dispositivo. Na placa-mãe haverá um grupo de conectores SATA, todos identificados. Veja alguns exemplos: SATA 0, SATA 1, SATA 2, SATA 3, SATA 4 etc.

O primeiro HD SATA (aquele que possui o sistema operacional instalado) deve ser instalado no primeiro conector (no nosso exemplo, SATA 0). Os demais dispositivos SATA devem ser instalados nos conectores livres, que estiverem na sequência, obedecendo à ordem (o segundo em SATA 1, o terceiro em SATA 2 etc.).

Figura 3.17.: Conectores SATA na placa-mãe.

Desempenho

Quando falamos em desempenho de discos rígidos, pensamos, logo, em: capacidade de armazenamento e taxa de transferência externa. De fato, esses são os dois fatores principais, mas há outros, de grande importância, como o padrão (IDE ou SATA), a velocidade de rotação, a velocidade de acesso e o *buffer*.

O padrão SATA é muito superior ao IDE; é sempre a melhor escolha. Mas, vamos analisar outros quesitos:

• Capacidade de armazenamento: ter um disco com capacidade de armazenamento média (em torno de 80GB) nos tempos atuais é altamente necessário. Sempre temos algo para gravar no disco rígido, sem falar no advento das câmeras fotográficas digitais, nas quais temos a opção de guardar todas as fotografias em formato digital. Jogos simples podem passar facilmente os 200MB, e por aí vai.

- Velocidade de rotação: a velocidade de rotação está ligada à quantidade de vezes que o motor gira por minuto; quanto maior for a velocidade de rotação, menor o tempo de acesso, o que é muito bom. Discos rígidos mais antigos tinham uma velocidade de rotação de 3.600 rpm, 4.500 rpm e 6.300 rpm. Os mais novos alcançam 7.200 rpm, 10.000 rpm; modelos como o Fujitsu ALLEGRO (SCSI) alcançam 15.000 rpm.
- Velocidade de acesso: velocidade de acesso é o tempo que as cabeças de leitura levam para moverem-se até um cilindro específico. Quanto menor o tempo gasto, melhor. Esse tempo é medido em ms (milisegundos). Encontramos discos rígidos que apresentam tempos de acesso entre 8ms e 15ms.
- *Buffer*: o *buffer* do disco rígido, que pode ser chamado, também, de *cache*, é uma pequena porção de memória localizada no próprio disco rígido, usada durante a transferência de dados externa. Quando efetuamos uma transferência de dados, o cabeçote lê as informações na superfície dos discos, transfere para o *buffer*, e só depois envia para o processador. Bons discos rígidos têm *buffer* entre 2 e 8MB.
- Transferência de dados: discos rígidos IDE trabalham no modo Ultra-ATA (UDMA), que permite taxa de transferência mínima de 33,3MB/s (Ultra DMA 33). O último modo desenvolvido foi o Ultra DMA 133 (133MB/s). Já o padrão SATA alcança taxas de transferência maiores. No SATA I, a taxa máxima é de 150MB/s, e, no SATA II, a taxa é de 300MB/s.

Capítulo 4

Como entender e configurar o Setup de seu computador

> **Finalidade:** com a leitura deste capítulo, você entenderá o porquê de configurar o Setup, sua importância, e em que nossos computadores serão beneficiados. Além disso, você pode usar este capítulo como um guia para saber para que serve cada seção do Setup (bem como muitos de seus itens configuráveis, e suas opções de ajustes), podendo, dessa forma, configurar corretamente o seu computador.

Introdução

Você, provavelmente, sabe o que é o Setup de um computador. Possivelmente, já o acessou, e fez alguns ajustes.

No entanto, você entende toda a estrutura do Setup? Consegue navegar por menu e submenus, para encontrar um determinado item que deseja configurar?

Não importa se você é inexperiente ou um especialista. Neste capítulo, vamos destrinchar o menu do Setup, e os principais itens configuráveis de um Setup típico atual.

O que é o Setup?

O Setup é um *firmware* que serve para realizar diversos tipos de configuração, das mais simples, como data e hora, até às mais avançadas, como habilitar ou desabilitar periféricos integrados (se você fizer algum ajuste equivocado, seu disco rígido, ou sua interface de áudio, só para citar exemplos, podem simplesmente parar de funcionar).

Ao acessar o Setup, vamos navegar por um ambiente que mais parece um jogo de perguntas e respostas: cada item configurável são as perguntas, e as opções de ajustes (que temos à nossa escolha) são as respostas.

Isso quer dizer que, em 99% dos ajustes feitos no Setup, não vamos digitar valores (em alguns casos, vamos digitar valores, tais como data, hora e criação de senha). Para cada "pergunta", isto é, para cada item configurável, haverá opções de ajustes predefinidos. Basta escolher aquele que for o melhor para cada caso.

Por que configurar o Setup?

Configurar corretamente o Setup permitirá que seu computador funcione de forma correta. Além disso, com determinados ajustes, você pode ganhar em desempenho, ou até em segurança.

Você pode, por exemplo, configurar a velocidade com a qual o computador vai iniciar (por meio do item **Quick Power On Self Test**). Nesse caso, estamos realizando uma configuração para melhorar o desempenho do computador.

Em se tratando de segurança, alguns ajustes podem ser feitos, tais como **Password**, onde é possível configurar uma senha para acessar o Setup, ou mesmo o "arranque" do sistema operacional; quem não tiver a dita senha não conseguirá acessar nada no computador. Há também a opção **Execute Disable Bit**, que ajuda a evitar ataques mal intencionados etc.

Fabricante de BIOS

São vários os fabricantes de BIOS, mas os principais, que usaremos como referência neste livro são AMI (*American Megatrends*) e Phoenix. A tabela a seguir contém seus endereços, nos quais podem ser tiradas diversas dúvidas:

Fabricante	Site
AMI	www.ami.com
Award/Phoenix	www.phoenix.com

Tabela 4.1.: Fabricantes de BIOS.

Como acessar o Setup

O Setup é gravado em uma memória ROM (ROM BIOS), juntamente com o BIOS e o POST. As configurações feitas no Setup são guardadas em uma área de memória alimentada por uma bateria (essa área de memória é volátil), a CMOS.

Agora, como entrar no Setup? Fazemos isso quando iniciamos o computador. No geral, para acessar o Setup, devemos proceder assim:

1. Iniciamos o computador. Caso ele já esteja ligado, devemos reiniciá-lo.

2. Após a contagem de memória, aparecerá, no canto inferior esquerdo da tela, a seguinte mensagem: **Press Del to enter Setup**.

3. Nesse momento, você deve pressionar a tecla Del uma vez.

4. Feito isso, o Setup será aberto.

Se você não conseguir, reinicie o computador e vá teclando Del insistentemente, até entrar no Setup. Se ainda assim não der, reinicie o computador e verifique (leia na tela) se há a indicação de outra tecla que deve ser pressionada. Outra tecla que pode ser usada é a F1.

Se o Setup pedir senha de acesso (mais à frente, falamos onde você pode configurar as senhas), e você não souber qual é a senha, basta abrir o gabinete e apagar as informações gravadas no CMOS Setup. Para tanto, basta colocar o *jumper* da bateria na posição Clear.

Estrutura de um Setup

Um Setup é composto por menus e submenus. Um menu é composto pelas seções que você vê na tela inicial.

Ao acessar uma determinada seção, haverá um submenu contendo vários itens, configuráveis ou não; alguns podem ser ajustados automaticamente e não permitem que o usuário faça alterações. Um exemplo é a frequência do processador: dependendo da BIOS, esse ajuste pode ser feito, mas, em muitos casos, essa configuração é travada, não há permissão para que ela seja alterada.

As possibilidades de ajuste existentes em cada item configurável são as opções de configuração.

É preciso entender que cada Setup de cada computador pode variar, nas seções, itens e opções. Neste livro, usamos como referência os Setups da BIOS AMI versões v02.58 e v02.57. Porém, menu, itens e opções dos Setups (no geral) podem variar de acordo com o fabricante e a versão do BIOS, e até com o modelo da placa-mãe.

Dessa forma, é impossível fazer um "manual", passo a passo, que valha para todos os Setups de todos os computadores do mundo. O máximo que podemos fazer é explicar como acessar e navegar pelo Setup, e explicar para que servem os principais itens configuráveis.

Neste capítulo, dispomos um guia que você pode usar para configurar o Setup do seu computador. Use-o para identificar seções, submenus, vários de seus itens e opções; assim, poderá fazer muitos dos ajustes necessários.

Ao acessar o Setup, a primeira tela é o menu principal. As seções disponíveis podem variar de Setup para Setup.

Exemplo: AWARD/Phoenix

Encontramos em várias placas-mãe Setups que trabalham com interface em modo texto (inclusive, o mais utilizado atualmente), mas as opções são praticamente as mesmas vistas em Setups em modo gráfico (muito comum em BIOS mais antigas, da AMI).

É fácil navegar pelo menu, bem como pelos itens. As seções costumam ser divididas da seguinte forma:
- **Standard CMOS Setup**;
- **BIOS Features Setup**;
- **Chipset Features Setup**;
- **Power Management Setup**;
- **PNP/PCI Configuration**;
- **Load BIOS Defauts**;
- **Load SETUP Defauts**;
- **Integrated Peripherals**;
- **Supervisor Password**;
- **User Password**;
- **IDE Auto Detection**;
- **Save & Exit Setup**;
- **Exite Without Saving**.

É comum ocorrer uma pequena variação nas seções existentes, bem como nos nomes das seções. Veja um exemplo:
- **Standard CMOS Features**;
- **Advanced Bios Features**;

- Advanced Chipset Features;
- Integrated Peripherals;
- Power Management Setup;
- PnP/PCI Configurations;
- PC Health Status;
- Frequancy/Voltage Control Load;
- Load Fail-Safe Defauts;
- Load Optimize Defauts;
- Set Password;
- Save & Exit Setup;
- Exit Without Saving.

Vamos utilizar como referência o Setup do BIOS da AMI v02.58. O menu principal pode ser visto na figura a seguir:

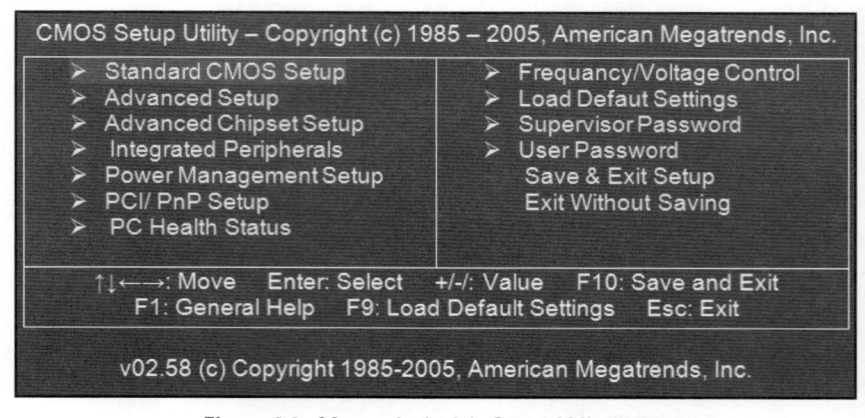

```
CMOS Setup Utility – Copyright (c) 1985 – 2005, American Megatrends, Inc.
  ➢ Standard CMOS Setup              ➢ Frequency/Voltage Control
  ➢ Advanced Setup                   ➢ Load Defaut Settings
  ➢ Advanced Chipset Setup           ➢ Supervisor Password
  ➢ Integrated Peripherals           ➢ User Password
  ➢ Power Management Setup             Save & Exit Setup
  ➢ PCI/ PnP Setup                     Exit Without Saving
  ➢ PC Health Status

         ↑↓←→: Move    Enter: Select    +/-/: Value    F10: Save and Exit
              F1: General Help    F9: Load Default Settings    Esc: Exit

            v02.58 (c) Copyright 1985-2005, American Megatrends, Inc.
```

Figura 4.1.: Menu principal do Setup AMI v02.58.

Como navegar pelo Setup

A navegação nesse tipo de Setup (**Figura 4.1**), bem como na maioria absoluta dos atuais, é da seguinte forma:
- Esc: sair;
- F10: salvar e sair;
- Selecionar um item: teclas direcionais;
- Entrar em uma seção (item): tecla Enter.

Para que você possa dominar cada vez mais as configurações do Setup de qualquer computador, é importante que você "navegue" por todas as opções (sem salvar nada) de cada seção.

Um Setup pode ser extremamente simples de "navegar", enquanto outros, nem tanto, pois contêm uma estrutura maior. Preste atenção: menus e itens variam de Setup para Setup. Costuma ocorrer, também, o seguinte: um item se encontra em uma seção "X" de um Setup, e na seção "Y" de outro Setup, ou seja, um mesmo item pode ser encontrado em seções diferentes, de acordo com a versão do BIOS.

Por isso, é importante fazer um reconhecimento prévio. Preste atenção em cada seção e em cada item das seções. Tente identificar os que você já conhece.

Veja o exercício seguinte:

1. Ao abrir o Setup, no menu principal, pressione as teclas direcionais para cima (↑), para baixo (↓), para a esquerda (←), ou para a direita (→). Observe que a seção selecionada será destacada por uma cor vermelha (geralmente). Como exemplo, selecionamos a seção **Integrated Peripherals**:

```
CMOS Setup Utility – Copyright (c) 1985 – 2005, American Megatrends, Inc.

  ➢ Standard CMOS Setup          ➢ Frequancy/Voltage Control
  ➢ Advanced Setup               ➢ Load Defaut Settings
  ➢ Advanced Chipset Set         ➢ Supervisor Password
  ➢ Integrated Peripherals       ➢ User Password
  ➢ Power Management Setup         Save & Exit Setup
  ➢ PCI/ PnP Setup                 Exit Without Saving
  ➢ PC Health Status

     ↑↓←→: Move   Enter: Select   +/-/: Value   F10: Save and Exit
          F1: General Help   F9: Load Default Settings   Esc: Exit

            v02.58 (c) Copyright 1985-2005, American Megatrends, Inc.
```

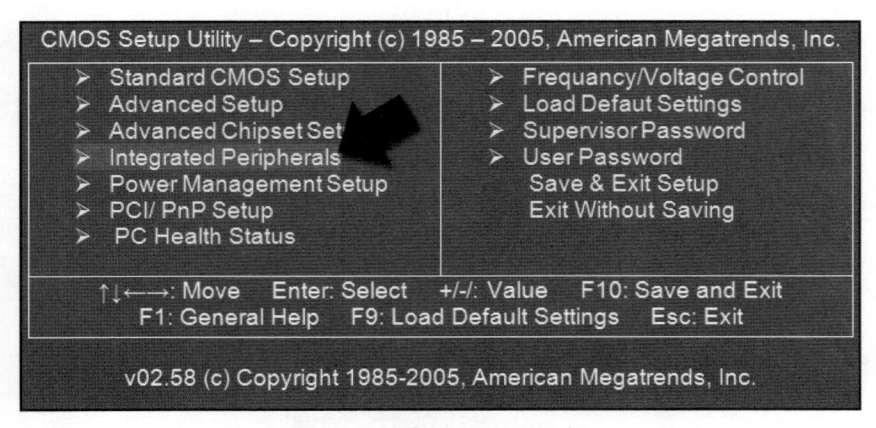

Figura 4.2.: Seção selecionada.

2. Para entrar em uma seção, pressione a tecla Enter. Em nosso exemplo, entramos na seção **Integrated Peripherals**. Observe que o submenu correspondente a essa seção aparecerá. O título da seção em que você está aparece na parte superior da tela (**Figura 4.3**). À direita, há uma janela de ajuda, correspondente a cada item selecionado:

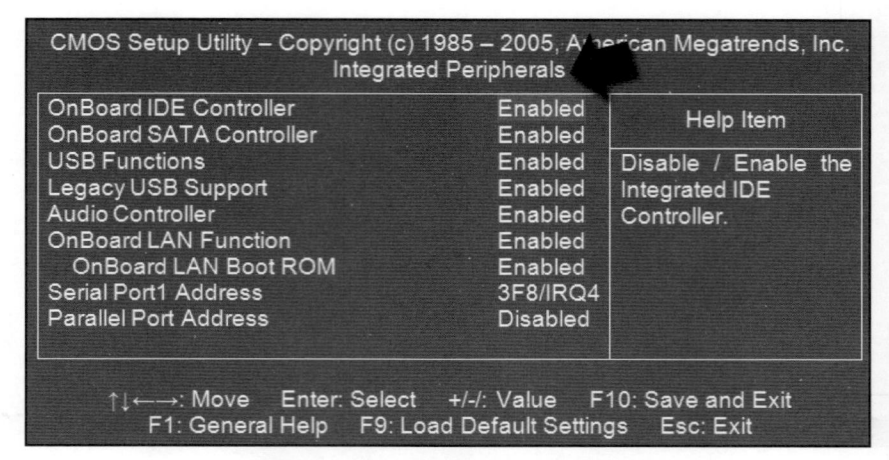

```
CMOS Setup Utility – Copyright (c) 1985 – 2005, American Megatrends, Inc.
                         Integrated Peripherals
OnBoard IDE Controller              Enabled           Help Item
OnBoard SATA Controller             Enabled
USB Functions                       Enabled     Disable / Enable the
Legacy USB Support                  Enabled     Integrated IDE
Audio Controller                    Enabled     Controller.
OnBoard LAN Function                Enabled
   OnBoard LAN Boot ROM             Enabled
Serial Port1 Address                3F8/IRQ4
Parallel Port Address               Disabled


   ↑↓←→: Move   Enter: Select   +/-/: Value   F10: Save and Exit
          F1: General Help   F9: Load Default Settings   Esc: Exit
```

Figura 4.3.: **Integrated Peripherals**.

3. Para configurar um item, geralmente se pressiona a tecla Enter. Enquanto o item estiver selecionado, serão abertas as opções de configuração correspondentes (**Figura 4.4**) à nossa escolha. Use as teclas direcionais para cima (↑), ou para baixo (↓), para selecionar a opção desejada, e tecle Enter novamente. Caso não queira configurar nada, pressione a tecla Esc:

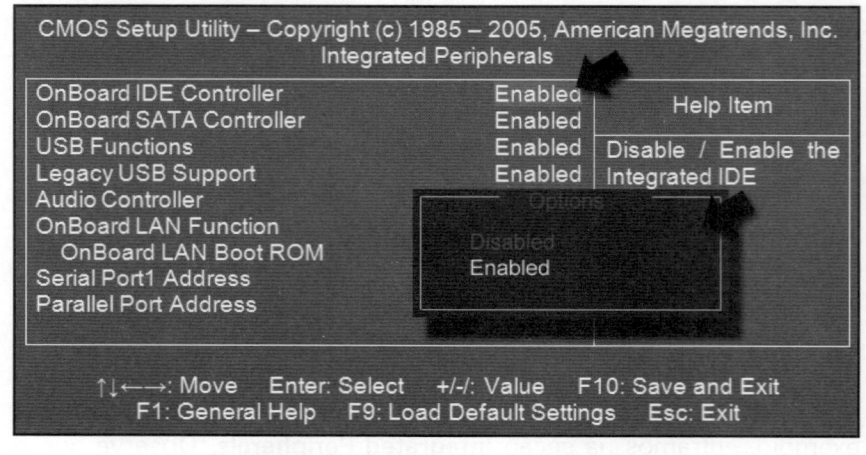

```
CMOS Setup Utility – Copyright (c) 1985 – 2005, American Megatrends, Inc.
                         Integrated Peripherals
OnBoard IDE Controller              Enabled           Help Item
OnBoard SATA Controller             Enabled
USB Functions                       Enabled     Disable / Enable the
Legacy USB Support                  Enabled     Integrated IDE
Audio Controller
OnBoard LAN Function                    Options
   OnBoard LAN Boot ROM                Disabled
Serial Port1 Address                   Enabled
Parallel Port Address


   ↑↓←→: Move   Enter: Select   +/-/: Value   F10: Save and Exit
          F1: General Help   F9: Load Default Settings   Esc: Exit
```

Figura 4.4.: Opções de configuração de um item.

4. Para voltar ao menu principal, simplesmente pressione a tecla Esc.

5. Para ter acesso à ajuda, pressione a tecla F1. Para fechar a ajuda, pressione a tecla Esc.

6. Para salvar os ajustes feitos e sair do Setup, pressione a tecla F10, selecione a opção **OK** e tecle Enter.

7. Para sair do Setup sem salvar nada, pressione a tecla Esc (estando no menu principal), selecione a opção **OK** e tecle Enter.

Esse simples exercício já te dará totais condições de compreender a estrutura de um Setup, navegar por entre seus itens e opções, compreender como proceder para fazer ajustes, salvar (ou não) as configurações feitas e sair.

A partir dos tópicos seguintes, vamos explicar para que serve cada seção, explicando como proceder para configurar vários de seus itens.

Standard CMOS Setup

Você pode encontrar essa seção denominada como **Standard CMOS Features**, ou somente **Standard**. Nela, realizamos configurações primárias, como data, hora, *floppys*, detecção dos dispositivos IDE e SATA, e instalação do drive de disquetes.

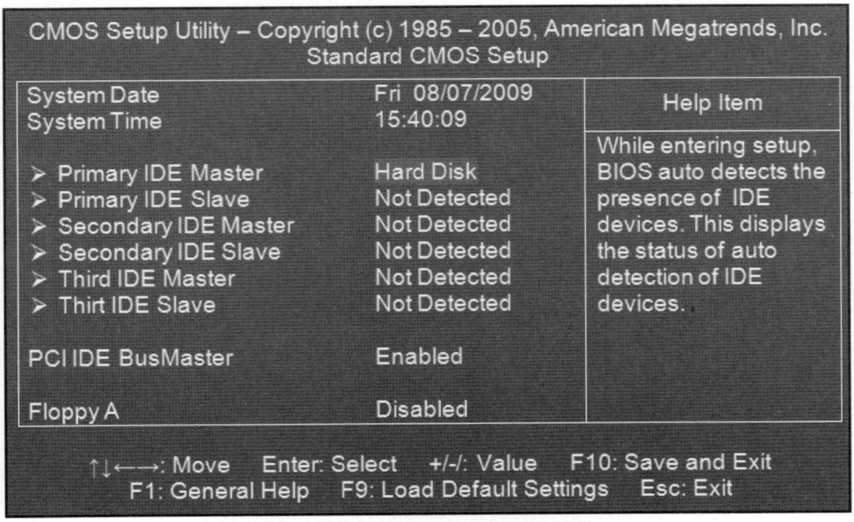

CMOS Setup Utility – Copyright (c) 1985 – 2005, American Megatrends, Inc. Standard CMOS Setup		
System Date	Fri 08/07/2009	Help Item
System Time	15:40:09	
➢ Primary IDE Master	Hard Disk	While entering setup, BIOS auto detects the presence of IDE devices. This displays the status of auto detection of IDE devices.
➢ Primary IDE Slave	Not Detected	
➢ Secondary IDE Master	Not Detected	
➢ Secondary IDE Slave	Not Detected	
➢ Third IDE Master	Not Detected	
➢ Thirt IDE Slave	Not Detected	
PCI IDE BusMaster	Enabled	
Floppy A	Disabled	
↑↓←→: Move Enter: Select +/-/: Value F10: Save and Exit F1: General Help F9: Load Default Settings Esc: Exit		

Figura 4.5.: Standard CMOS Setup.

Para configurar a data, faça o seguinte:

1. Como o Setup está em inglês, a data obedece ao seguinte padrão: Mês/Dia/Ano.

2. Usando as teclas direcionais, leve a seleção até o número que representa o mês, o primeiro número. Digite o número referente ao mês. Pressione a tecla Enter para confirmar.

3. Repita o procedimento para inserir o dia e o ano.

Para configurar a hora, faça o seguinte:

1. O formato da hora é: Hora:Minutos:Segundos.

2. Usando as teclas direcionais, leve a seleção até os dois primeiros dígitos (da esquerda para direita), digite a hora, e pressione a tecla Enter para confirmar.

3. Faça o mesmo com os minutos e com os segundos.

Veja como fazer a detecção de dispositivos IDE:

1. Observe que, no nosso exemplo, há quatro itens principais para dispositivos IDE: **Primary IDE Master, Primary IDE Slave, Secondary IDE Master** e **Secondary IDE Slave**. Isso quer dizer que essa placa-mãe contém duas interfaces IDE (*primary* e *secondary*), nas quais é possível instalar dois dispositivos IDEs em cada (um *master* e um *slave*):

```
CMOS Setup Utility – Copyright (c) 1985 – 2005, American Megatrends, Inc.
                        Standard CMOS Setup
System Date              Fri 08/07/2009         Help Item
System Time              15:40:09
                                                While entering setup,
➤ Primary IDE Master     Hard Disk              BIOS auto detects the
➤ Primary IDE Slave      Not Detected           presence of IDE
➤ Secondary IDE Master   Not Detected           devices. This displays
➤ Secondary IDE Slave    Not Detected           the status of auto
➤ Third IDE Master       Not Detected           detection of IDE
➤ Thirt IDE Slave        Not Detected           devices.

PCI IDE BusMaster        Enabled

Floppy A                 Disabled

        ↑↓←→: Move    Enter: Select   +/-/: Value   F10: Save and Exit
            F1: General Help   F9: Load Default Settings   Esc: Exit
```

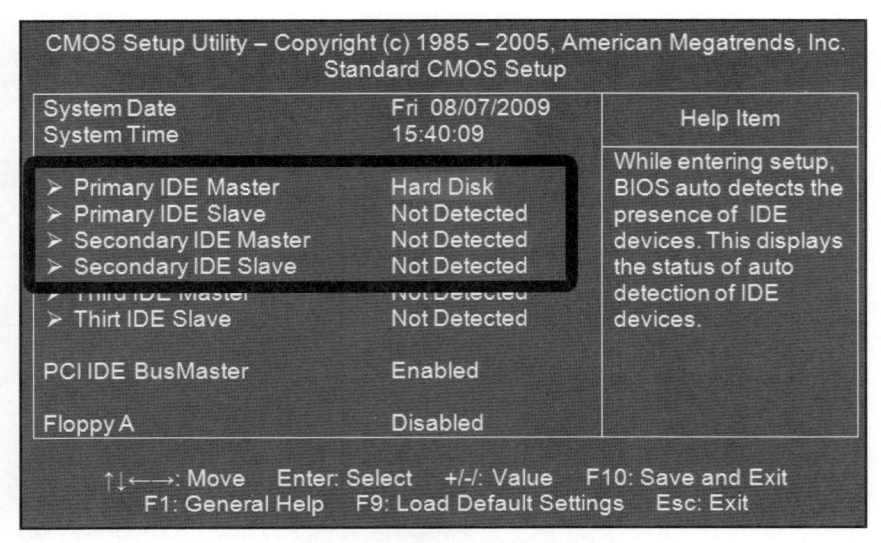

Figura 4.6.: Dispositivos IDE.

2. Para reconhecer os dispositivos IDE instalados, configure todos os itens, de **Primary IDE Master** ao **Third IDE Slave**, como **Auto**. Dessa forma, qualquer dispositivo instalado em uma interface IDE será automaticamente reconhecido.

3. Para isso, basta usar as teclas direcionais para ir ao item (**Primary IDE Master**, por exemplo) desejado e teclar Enter. Na tela que se abre, use as teclas direcionais para ir ao primeiro item, tecle Enter, e selecione a opção **Auto**. Faça isso com todos os itens (geralmente, **Type**, **LBA/Large Mode**, **Block (Multi-Sector Transfer)**, **PIO Mode** e **S.M.A.R.T.**). Tecle Esc para voltar à tela anterior.

4. Caso, por padrão, os itens **Primary IDE Master, Primary IDE Slave, Secondary IDE Master** e **Secondary IDE Slave** já estejam configurados como **Auto**, não precisa alterar nada.

A forma de detectar a presença de dispositivos IDE, em nosso caso, é essa. Os dispositivos já detectados em uma determinada interface serão exibidos.

Porém, e os dispositivos SATA? No Setup mostrado nas figuras anteriores, não há nenhuma referência ao SATA.

Se seu BIOS suporta o padrão SATA, os dispositivos SATA também poderão ser detectados na seção **Standard CMOS Setup**. Veja na figura seguinte, em que usamos como referência uma outra versão de BIOS AMI (v02.57):

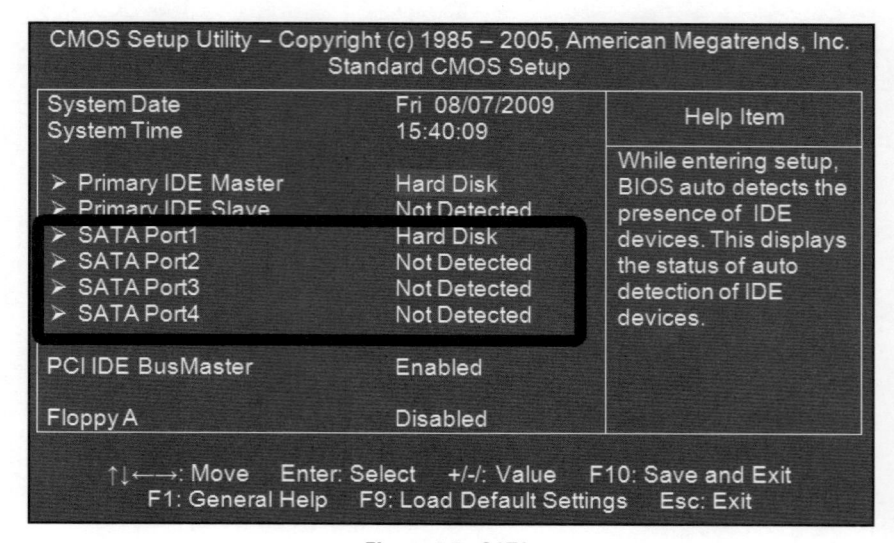

CMOS Setup Utility – Copyright (c) 1985 – 2005, American Megatrends, Inc.		
Standard CMOS Setup		
System Date	Fri 08/07/2009	Help Item
System Time	15:40:09	
➢ Primary IDE Master	Hard Disk	While entering setup, BIOS auto detects the presence of IDE devices. This displays the status of auto detection of IDE devices.
➢ Primary IDE Slave	Not Detected	
➢ SATA Port1	Hard Disk	
➢ SATA Port2	Not Detected	
➢ SATA Port3	Not Detected	
➢ SATA Port4	Not Detected	
PCI IDE BusMaster	Enabled	
Floppy A	Disabled	
↑↓←→: Move Enter: Select +/-/: Value F10: Save and Exit		
F1: General Help F9: Load Default Settings Esc: Exit		

Figura 4.7.: SATA.

Cada item da figura anterior diz respeito a uma interface (um conector, para ser mais preciso) SATA na placa-mãe; logo, essa placa-mãe em questão contém quatro interfaces SATA. O método usado para detectar os dispositivos SATA é o mesmo já demonstrado no IDE.

Veja como detectar o tipo de drive de disquetes:

1. Caso tenha um drive de disquetes instalados, é necessário detectá-lo. Basta usar as teclas direcionais para ir ao item **Floppy A** e teclar Enter.

2. As opções são **Disabled** (caso não tenha um instalado, ou se deseja deixar o drive de disquetes desabilitado), **720KB 3 ½"**, **1.44MB 3 ½"**, **2.88MB 3 ½"** e **Not Detected** (para não detectar):

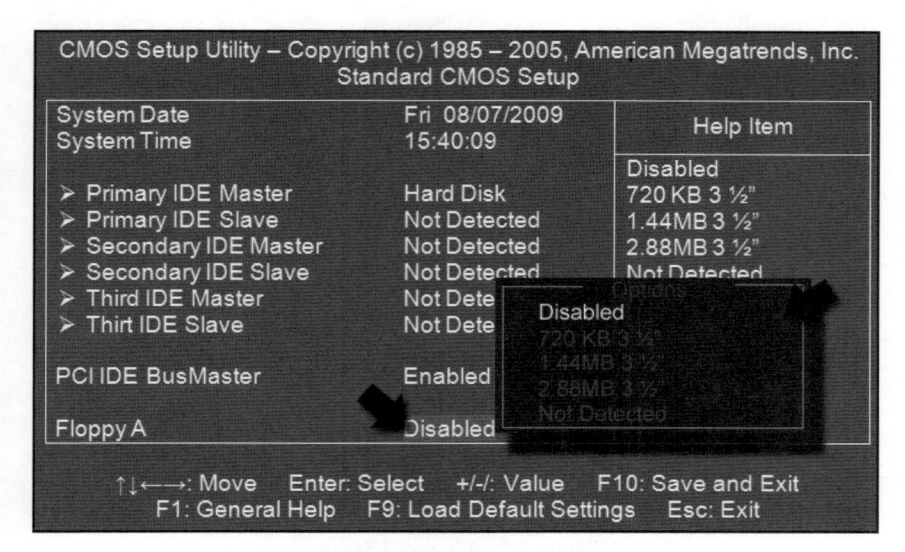

```
CMOS Setup Utility – Copyright (c) 1985 – 2005, American Megatrends, Inc.
                       Standard CMOS Setup
System Date              Fri 08/07/2009           Help Item
System Time              15:40:09
                                                  Disabled
➢ Primary IDE Master    Hard Disk                 720 KB 3 ½"
➢ Primary IDE Slave     Not Detected              1.44MB 3 ½"
➢ Secondary IDE Master  Not Detected              2.88MB 3 ½"
➢ Secondary IDE Slave   Not Detected              Not Detected
➢ Third IDE Master      Not Dete    Disabled
➢ Thirt IDE Slave       Not Dete    720 KB 3 ½"
                                    1.44MB 3 ½"
PCI IDE BusMaster       Enabled     2.88MB 3 ½"
                                    Not Detected
Floppy A                Disabled

     ↑↓←→: Move    Enter: Select    +/-/: Value    F10: Save and Exit
           F1: General Help    F9: Load Default Settings    Esc: Exit
```

Figura 4.8.: Como detectar o tipo de drive de disquetes.

3. Basta selecionar o tipo de drive de disquetes instalado, e pressionar a tecla Enter.

Advanced Setup

Aqui, são feitas as configurações avançadas e fundamentais para o bom e correto funcionamento do computador. Essa seção varia de Setup para Setup, mas, em geral, as opções mais importantes mudam apenas de nome.

Você também poderá encontrar essa seção como **BIOS Features Setup**, ou **Advanced Bios Features**:

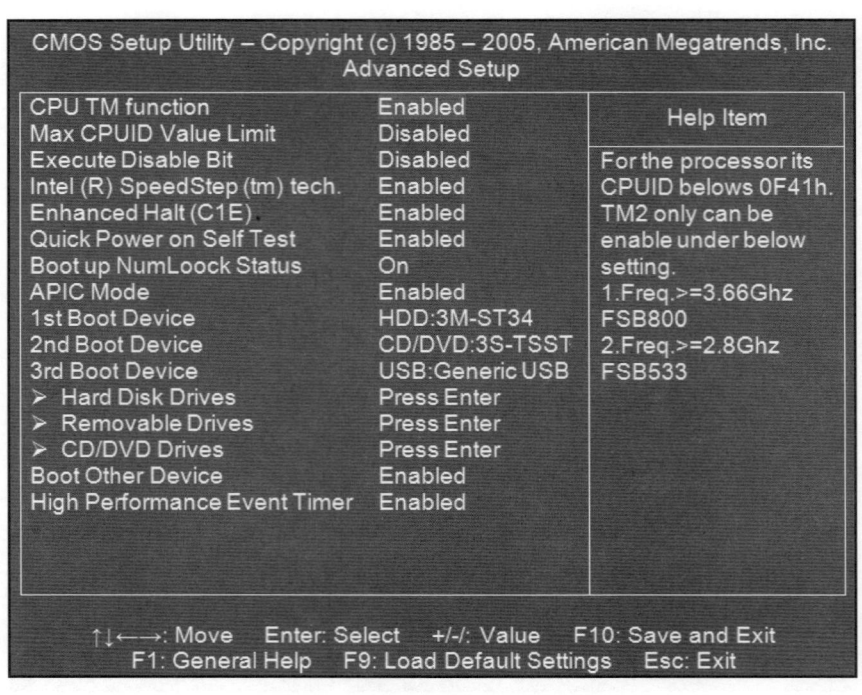

```
┌─────────────────────────────────────────────────────────────────┐
│  CMOS Setup Utility – Copyright (c) 1985 – 2005, American Megatrends, Inc. │
│                          Advanced Setup                         │
├─────────────────────────────────────────┬───────────────────────┤
│ CPU TM function              Enabled    │      Help Item        │
│ Max CPUID Value Limit        Disabled   │                       │
│ Execute Disable Bit          Disabled   │ For the processor its │
│ Intel (R) SpeedStep (tm) tech. Enabled  │ CPUID belows 0F41h.   │
│ Enhanced Halt (C1E).         Enabled    │ TM2 only can be       │
│ Quick Power on Self Test     Enabled    │ enable under below    │
│ Boot up NumLoock Status      On         │ setting.              │
│ APIC Mode                    Enabled    │ 1.Freq.>=3.66Ghz      │
│ 1st Boot Device              HDD:3M-ST34│ FSB800                │
│ 2nd Boot Device              CD/DVD:3S-TSST │ 2.Freq.>=2.8Ghz   │
│ 3rd Boot Device              USB:Generic USB│ FSB533            │
│  ➢ Hard Disk Drives          Press Enter│                       │
│  ➢ Removable Drives          Press Enter│                       │
│  ➢ CD/DVD Drives             Press Enter│                       │
│ Boot Other Device            Enabled    │                       │
│ High Performance Event Timer Enabled    │                       │
│                                         │                       │
│                                         │                       │
├─────────────────────────────────────────┴───────────────────────┤
│   ↑↓←→: Move   Enter: Select   +/-/: Value   F10: Save and Exit │
│       F1: General Help    F9: Load Default Settings   Esc: Exit │
└─────────────────────────────────────────────────────────────────┘
```

Figura 4.9.: Advanced Setup.

Na figura anterior, você pode ver a seção **Advanced Setup** do Setup da AMI, versão v02.58. Nos tópicos que seguem, "destrinchamos" suas opções.

CPU TM Function

Serve para evitar o superaquecimento do processador. Quando o processador começar a aquecer demais, ocorrerá uma diminuição do *clock* e da voltagem.

Para funcionar, ela deve estar habilitada (**Enabled**).

Max CPUID Value Limit

Destina-se a limitar a velocidade de processadores, quando são usados sistemas operacionais mais antigos. Se você usar o Windows XP, ou superior, deixe-a desabilitada (**Disabled**).

Execute Disable Bit

Essa é uma configuração de segurança, e ajuda a evitar ataques mal intencionados de *buffer overflow*, quando combinada com um sistema operacional de apoio.

Basicamente, quando esse item estiver ativo, o processador classificará áreas da memória. O processador baseia-se nas áreas de memória nas quais podem ou não serem executados códigos de aplicativos.

Se, por acaso, um vírus tentar inserir um código no *buffer*, o processador simplesmente desativará a execução.

Deixe essa opção habilitada (**Enabled**).

Intel (R) SpeedStep (tm) Tech

É uma tecnologia da Intel que permite que sejam ajustadas, dinamicamente, a tensão e a frequência do processador. Isso permite uma diminuição no consumo de energia, e diminuição da geração de calor.

A tecnologia *SpeedStep* permite que o *clock* e a voltagem do processador sejam diminuídos, quando o sistema estiver ocioso, ou com pouco uso (se você estiver usando apenas o MSN, por exemplo).

Deixe essa opção habilitada (**Enabled**).

Enhanced Halt (C1E)

Essa é mais uma configuração para melhorar a economia de energia do seu computador. Também atua na diminuição da voltagem e frequência do processador.

Deixe essa opção habilitada (**Enabled**).

Quick Power On Self test

Você deve ativar esse item se quiser que o boot do computador ocorra mais rápido. Ao ativar, durante o POST, alguns componentes não serão checados, e o resultado é um "arranque" mais veloz.

Deixe esse item habilitado (**Enabled**).

Boot up NunLock Status

Se esse item estiver habilitado (**On**), a tecla NumLock será acionada durante o boot do computador. Caso contrário (se escolher a opção **Off**), ela ficará desabilitada.

APIC Mode

Basicamente, esse item permite gerenciar o numero linhas de IRQs disponíveis para o processador. Se você utilizar Windows 2000, XP ou superior, deixe-o habilitado. Isso fará com que sejam utilizados mais de 16 IRQs, gerando ganho em desempenho.

1st Boot Device, 2nd Boot Device, 3rd Boot Device e Boot Other Devices

Em **1st Boot Device**, você configura o primeiro dispositivo no qual o computador tentar dar um boot. Ou seja, o dispositivo que for escolhido é onde será dado o boot, assim que o computador for ligado. Se esse boot falhar (se não encontrar área de boot; se não houver CD/DVD/Disquete na unidade, caso seja um drive óptico ou de disquete etc.), ocorrerá uma tentativa de boot no segundo dispositivo.

O item **2nd Boot Device** é onde devemos configurar o segundo dispositivo em que será dado o segundo boot. Se o primeiro falhar, o boot será dado nele.

Caso o primeiro e o segundo dispositivos configurados falhem, será procurada uma área de boot no terceiro dispositivo, configurado em **3rd Boot Device**.

Para configurar cada item, basta usar as teclas direcionais para levar a seleção até as opções, teclar Enter e escolher o dispositivo desejado. Tecle Enter novamente para confirmar.

Quando o item **Boot Other Devices** estiver habilitado, ocorrerá a tentativa de boot em outros dispositivos, caso o boot falhe no primeiro, segundo e terceiro dispositivos.

High Performance Event Timer ||||||||||||||||||||||||||||

É um sistema de contagem em "tempo real", que permite que os softwares possam contar o tempo. Pode ser muito utilizado na execução de vídeos, por exemplo.

O **HPET** (**High Performance Event Timer**) ajuda os softwares na execução de certos conteúdos. Se ele estiver ativado, o software não precisa contar o tempo por conta própria.

Advanced Chipset Setup

Essa seção pode se chamar, também, **Chipset**, **Chipset Features Setup**, ou ainda **Advanced Chipset Features**.

Por meio dessa seção, teremos acesso às configurações específicas de cada *chipset*, por isso, varia muito de placa para placa. Em geral, ela armazena informações relacionadas com o desempenho da memória RAM e da memória *cache*:

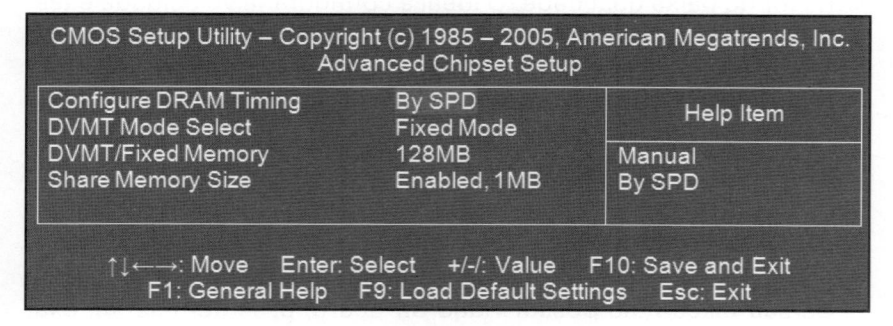

```
CMOS Setup Utility – Copyright (c) 1985 – 2005, American Megatrends, Inc.
                          Advanced Chipset Setup

Configure DRAM Timing       By SPD
DVMT Mode Select            Fixed Mode              Help Item
DVMT/Fixed Memory           128MB
Share Memory Size           Enabled, 1MB            Manual
                                                    By SPD


    ↑↓←→: Move    Enter: Select    +/-/: Value    F10: Save and Exit
         F1: General Help    F9: Load Default Settings    Esc: Exit
```

Figura 4.10.: Advanced Chipset Setup.

Configure DRAM Timing ||||||||||||||||||||||||||||||||||

Quando estiver habilitada a opção **SPD – Serial Presence Detect**, os parâmetros das memórias serão reconhecidos automaticamente.

Para configurar o desempenho da memória RAM manualmente, vá a esse item e escolha a opção **Manual**.

Ao fazer isso, você poderá configurar itens como:
- **DRAM CAS Latency:** se o parâmetro **SDRAM Configuration** estiver configurado com a opção **SPD**, esse item será configurado automaticamente. O sinal **CAS** seleciona conjuntos determinados de células de dados armazenadas na memória.
- **DRAM RAS to CAS:** da mesma forma que o item anterior, se o parâmetro **SDRAM Configuration** estiver configurado com a opção **SPD**, esse item será configurado automaticamente. Especifica quantos ciclos do *clock* devem ser esperados até que o sinal **CAS** seja ativado, assim que ocorrer a requisição **RAS**.
- **DRAM RAS Precharge:** basicamente, é um valor que indica o quão rápido a memória RAM pode encerrar uma linha e começar outra.
- **Dram Timing Control:** configura a velocidade da memória RAM. As opções geralmente são: **Normal** (velocidade normal da memória RAM), **Medium** e **Fast** (velocidade mais rápida). Configurações de velocidade, no geral, sempre representam um risco ao funcionamento normal do sistema. Isso se agrava se a memória for de baixa qualidade. O ideal é configurar a velocidade e testar o sistema. Caso apresente qualquer problema (principalmente travamentos), volte as configurações ao estado normal. Quanto menores os valores escolhidos, mais rápida será a execução. Porém, lembre-se: o sistema pode ficar instável com valores muito baixos.

Share Memory Size

Se sua placa-mãe possui vídeo on-board, esse item serve, exatamente, para configurar a quantidade de memória RAM que será reservada para uso dessa interface de vídeo.

Integrated Peripherals

Aqui, são realizadas configurações de dispositivos on-board da placa-mãe. As configurações são bem simples. Se você tiver um conhecimento mediano de hardware, não terá problema algum em configurar os itens dessa seção.

No Setup que usamos como referência (AMI v02.58), por exemplo, as configurações consistem, basicamente, em ativar ou desativar interfaces on-board da placa-mãe. Desabilite uma interface somente se for necessário:

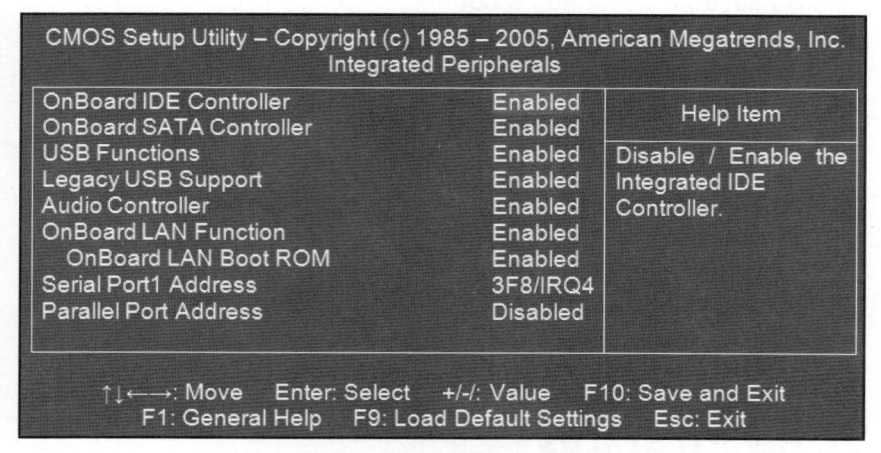

```
CMOS Setup Utility – Copyright (c) 1985 – 2005, American Megatrends, Inc.
                         Integrated Peripherals
OnBoard IDE Controller              Enabled          Help Item
OnBoard SATA Controller             Enabled
USB Functions                       Enabled    Disable / Enable the
Legacy USB Support                  Enabled    Integrated IDE
Audio Controller                    Enabled    Controller.
OnBoard LAN Function                Enabled
  OnBoard LAN Boot ROM              Enabled
Serial Port1 Address                3F8/IRQ4
Parallel Port Address               Disabled

   ↑↓←→: Move   Enter: Select   +/-/: Value   F10: Save and Exit
          F1: General Help   F9: Load Default Settings   Esc: Exit
```

Figura 4.11.: **Integrated Peripherals**.

Nos setes primeiros itens (**Figura 4.11**), por exemplo, você irá, basicamente, escolher entre as opções **Enabled** ou **Disabled**.

Os dois últimos itens são:
• **Serial Port1 Address:** configura a porta serial 1. As opções mais comuns são: **Disabled, COM3/3E8** e **COM1/3F8**. Deixe em **COM1/3F8;**
• **Parallel Port Address:** configura a porta paralela do computador. As opções mais comuns são: **Disabled, LPT2/278** e **LPT1/378**. Deixe em **LPT1/378**.

Power Management Setup

Por meio dessa seção, é possível realizar configurações que permitem controle no consumo de energia elétrica do computador. Se o computador ficar sem atividade durante um determinado tempo, entrará em estado de *sleep*/inativo (os componentes estão ligados, mas sem atividade). Dessa forma, os dispositivos podem ser configurados para ficar em um modo que consuma pouca energia.

PNP/PCI Configuration Setup

Essa seção é destinada a configurar itens relacionados com suporte a dispositivos por parte do BIOS.

Veja alguns ajustes que podem ser feitos (podem variar de placa-mãe para placa-mãe):
- **Plug and Play Aware OS:** em Setups que possuem esse item é importante configurá-lo, pois é preciso informar se o sistema operacional do PC é compatível com o padrão *Plug and Play*. Escolha **Yes**, caso use o Windows;
- **Resources Controlled by:** configurando esse item como **Enabled**, o sistema passará a atribuir automaticamente todas as definições de IRQ e DMA. Obviamente, é mais que indicado configurar como **Enabled**.

PC Health Status

Nessa seção, você pode, por exemplo, verificar a temperatura do processador, a velocidade do CPU FAN (em rpm), a voltagem da CPU e do DIMM etc.

Ao acessar, observe que a temperatura do processador é dada em Celsius (°C), e em Fahrenheit (°F).

Frequency/Voltage Coltrol

Nessa seção, você pode configurar a frequência da DRAM (na dúvida, configure como **Auto**), ver o fabricante do processador, a frequência etc.

Load Default Settings

Restaura as configurações originais de fábrica. É feita a pergunta: **Load Default Settings?**. Basta escolher a opção **OK**, para restaurar as configurações originais.

Esse item pode ser chamado também de **Original restore**.

Supervisor Password

Com esse item, você poderá criar uma senha para acessar o Setup. Somente quem tiver a senha poderá acessá-lo. É uma senha de administrador, com direitos a alterações e salvamentos.

User Password

Por meio desse item, também se cria uma senha para acessar ao Setup, porém, essa senha é de nível de usuário. Quem usá-la, poderá acessar ao Setup, ver as configurações, mas não poderá alterar, nem salvar nenhum item; a não ser modificar, ou deletar, a própria senha de usuário.

Save & Exit Setup

Por meio dessa opção, podemos salvar as configurações realizadas e sair (**Exit**) do Setup. Se preferir, você pode usa a tecla de atalho F10.

Exit Without Saving

Essa opção pode ser usada para sair do Setup e não salvar nenhuma modificação que tenha sido feita. Se preferir, você pode usar a tecla de atalho Esc.

CONHEÇA OUTROS TÍTULOS RELACIONADOS

Hardware Extremo – Volume 1

Equipe Digerati Books – org. Tadeu Carmona

A maioria dos livros e cursos de hardware costumam se concentrar no que se costuma chamar de baixa manutenção: truques e dicas que fazem o computador ter certa sobrevida, principalmente quando nenhum de seus componentes foi ainda seriamente afetado. Na maioria das vezes, essas dicas nada mais são do que receitas para troca de componentes como discos rígidos ou memórias, ou tutoriais ensinando a formatar o computador e instalar um novo sistema operacional...

E quando o problema está nas camadas físicas, no "hardware de verdade"? Nesse caso não há espaço para amadores: consertar, recuperar placas-mãe, fontes e teclados e realizar manutenção e monitores LCD, disco rígidos e leitores de DVD, exigem certa dose de conhecimentos de eletrônica e vivência prática nas oficinas de manutenção de computadores.

Esta é a intenção da coleção Hardware Extremo. Com tutoriais 100% práticos e fáceis de acompanhar, ilustrados com fotos e diagramas em cada um de seus passos, o leitor terá acesso a todo o conhecimento antes reservado aos especialistas e as oficinas de manutenção de alto nível. Dos procedimentos mais básicos, às técnicas mais avançadas de manutenção de computadores, nada ficará sem explicação.

Bem-vindo ao mundo de Hardware Extremo!

Guia Técnico de Redes Windows

Equipe Digerati Books

Este guia contém tutoriais e técnicas avançadas para quem deseja se tornar um especialista na montagem e configuração de redes de computadores e em servidores Windows Server 2003.

Sua abordagem prática também habilitará o leitor a resolver os mais diversos problemas relacionados a redes, além de aprender sobre:

– Compartilhamento de arquivos no Windows Vista
– Compartilhamento de Internet
– Configuração de um servidor com o Windows Server 2003
  – Configuração de um servidor DHCP
  – Configuração do Active Directory
  – Configuração de redes Wireless
  E muito mais.

Curso Essencial de Redes Wireless

Equipe Digerati Books

Neste livro, você aprenderá que montar uma rede wireless já é tão ou mais barato do que montar uma rede cabeada: com um roteador sem fio, algumas placas de rede Wi-fi e uma antena para aumentar o sinal é possível conectar todos os computadores de uma residência, comércio ou fábrica entre si, além de permitir que todos usufruam de Internet, e-mail, mensagens instantâneas, impressoras e compartilhamento de arquivos sem a visão das famigeradas canaletas e buracos no chão ou no teto.

Dê adeus aos fios, cabos e paredes quebradas e tenha acesso à Internet e arquivos pessoais a partir de qualquer ponto de sua casa ou escritório!

Gerenciamento avançado de redes de computadores

Silvio Ferreira

O leitor que ache que gerenciar redes é apenas cortar e montar cabos e apertar o botão reset do roteador quando não há conexão com a Internet, encontrou um livro que irá fazer com que ele reveja seus conceitos...

Redes de computadores são formadas por conjuntos de máquinas, fios e dispositivos constituídos de hardware e software dos mais variados tipos. Elas são utilizadas para o tráfego de informações essenciais a um grupo de pessoas, empresa ou corporação e sua importância faz com que nunca devam (ou devessem) deixar de funcionar.

Mas isso não é o que acontece... tráfego pesado e não medido, cabeamentos e dispositivos gastos ou mal-instalados, servidores mal configurados ou que disponibilizam serviços não adequados, são apenas alguns exemplos de problemas causados pelo gerenciamento insuficiente dos recursos de uma rede. Para preveni-los ou remediá-los, nada melhor que o gerenciamento profissional de uma rede de computadores, com a montagem de servidores seguros e com um bom desempenho, e cabeamento realmente estruturado, no qual um cabo possa ser retirado ou substituído sem que isso afete o funcionamento da rede. Este livro mostra essas, dentre outras soluções técnicas, com ênfase na praticidade, economia de recursos técnicos e materiais e apresentação de resultados com alto grau de desempenho.

Hardware para Profissionais

Equipe Digerati Books

Este manual é voltado a todas as pessoas que desejam se livrar da dependência de um técnico em informática para solucionar os problemas que surgem em seus computadores, e ainda adquirir noções básicas de eletrônica e aprender boas práticas de manutenção do seu equipamento. Com conteúdo prático e ricamente ilustrado, o leitor terá acesso aos passos necessários para identificar e solucionar problemas relacionados a processadores, placas-mãe, chipsets, barramentos, memórias, discos rígidos e fontes. E conhecendo a forma como eles funcionam, também terão condições de montar seu próprio equipamento e efetuar uma manutenção preventiva que garanta o bom funcionamento do computador por muito mais tempo.

Visite nossa loja virtual em www.universodoslivros.com.br
e confira nossas promoções.

CTP, Impressão e Acabamento - IBEP Gráfica